SANTIDADE

CHAMADO À HUMANIDADE

Reflexões sobre a Exortação Apostólica
Gaudete et Exsultate

MARIA CLARA LUCCHETTI BINGEMER

SANTIDADE

CHAMADO À HUMANIDADE

Reflexões sobre a Exortação Apostólica
Gaudete et Exsultate

Dados Internacionais de Catalogação na Publicação (CIP)
(Câmara Brasileira do Livro, SP, Brasil)

Bingemer, Maria Clara Lucchetti
Santidade : chamado à humanidade : reflexões sobre a exortação apostólica : Gaudete et Exsultate / Maria Clara Lucchetti Bingemer. -- São Paulo : Paulinas, 2019. -- (Coleção ecos de Francisco)

Bibliografia.
ISBN 978-85-356-4518-7

1. Cristianismo 2. Francisco, Papa, 1936- 3. Igreja Católica 4. Santidade 5. Vida cristã I. Título. II. Série.

19-26003 CDD-248.8

Índice para catálogo sistemático:
1. Santidade : Vida cristã 248.8

Cibele Maria Dias - Bibliotecária - CRB-8/9427

1ª edição – 2019

Direção-geral: *Flávia Reginatto*
Editores responsáveis: *Vera Ivanise Bombonatto e João Décio Passos*
Copidesque: *Ana Cecilia Mari*
Coordenação de revisão: *Marina Mendonça*
Revisão: *Equipe Paulinas*
Gerente de produção: *Felício Calegaro Neto*
Projeto gráfico: *Manuel Rebelato Miramontes*
Capa e diagramação: *Tiago Filu*
Imagem capa: *@Iakov/depositphotos.com*

Paulinas

Rua Dona Inácia Uchoa, 62
04110-020 – São Paulo – SP (Brasil)
Tel.: (11) 2125-3500
http://www.paulinas.com.br – editora@paulinas.com.br
Telemarketing e SAC: 0800-7010081

Sumário

Introdução

Segundo a Bíblia judaica, só Deus é santo e a ele não se pode ver sem morrer. No Novo Testamento, Jesus Cristo é proclamado o Santo de Deus, ou seja, aquele sobre quem repousa a santidade divina. Com sua morte e ressurreição, é derramado sobre toda carne esse Espírito de Santidade. E os seguidores de Jesus são chamados a dar diante do mundo o testemunho dessa santidade que é divina e ao mesmo tempo dada ao ser humano como dom. Pela inhabitação do Espírito Santo, a santidade passa a habitar o ser humano e, assim, se encontra acessível a todos e todas que seguem a Jesus e vivem como ele e em comunhão com ele e seu Pai.

A santidade, portanto, é o destino e a meta da vida de todo cristão. Baseado nesta convicção, o Papa Francisco escreve sua exortação apostólica *Gaudete et Exsultate* – "Alegrai-vos e exultai". Deseja ele que vivamos plenamente aquilo que o Senhor nos propõe: uma vida que não se contente com a banalidade, a mediocridade ou a indecisão (cf. GE 1). Uma vida plena, ali onde estamos, no tempo e espaço que ocupamos. É ali que somos chamados a fazer nossas escolhas, respondendo aos desafios que nos são feitos. E ouvindo e respondendo aos chamados de Deus que nos chegam no momento da história que nos toca viver.

Longe de escrever um tratado sobre a santidade, o que pretende o papa é apenas uma coisa: que o chamado à santidade ressoe uma e outra vez no mundo de hoje, fazendo entender que ser santo é, na verdade, ser profunda e radicalmente humano: criado, redimido e santificado por Deus em seu amor infinito (cf. GE 2).

1. A alegria como primeiro sinal

A primeira chave de leitura para compreender a visão da santidade que nos dá Francisco já aparece no título mesmo da exortação: "Alegrai-vos e exultai", citação literal de Mt 5,12. Trata-se da expressão usada por Jesus no Evangelho de Mateus em pleno Sermão da Montanha e na proclamação das bem-aventuranças. Ao descrever quem são os verdadeiramente felizes, bem-aventurados e que, portanto, devem viver na alegria – os pobres, os mansos, os pacíficos, os misericordiosos, os perseguidos por causa da justiça –, Jesus acrescenta que, ao viver as consequências dessas bem-aventuranças, que normalmente não seriam motivo algum de alegria, devem "alegrar-se e exultar". Por quê? Porque participam da santidade de Deus e seu Cristo, que encarna tudo aquilo que recomenda viver.

A alegria é, pois, a marca da santidade. Alegria que não depende de bens materiais, satisfações imediatas ou recompensas humanas. Alegria que pode dar-se mesmo em meio às perseguições e tribulações. A exortação do capítulo 5 de Mateus aponta a alegria como estado de espírito, mesmo daquele que é perseguido e humilhado por causa de Jesus.

O Mestre diz que o que acontece nas perseguições e que parece uma desgraça aos olhos de todos é, na verdade, uma graça imensa, um divino privilégio. E, por isso, é preciso alegrar-se. Alegrar-se por passar por situações que foram as mesmas circunstâncias vitais vividas pelo Senhor a quem amam e desejam seguir. Alegrar-se porque, não tendo nada a perder, já que tudo deixaram para segui-lo, só poderão ganhar.[1]

---

[1] Como diz o compositor popular brasileiro Edu Lobo, em sua bela composição "Aleluia": "Mesmo com a morte esperando/ Eu me largo pro mar,

Um autor francês do século XX, Gilbert Cesbron, entre seus inúmeros romances e obras literárias, escreveu uma peça de teatro sobre a vida do grande teólogo, organista, filósofo e médico alemão Albert Schweitzer.[2] Nesta, escreve um diálogo que parece definir bem o conceito de alegria, tal como o concebe o Cristianismo e tal como o papa o apresenta nessa exortação.

A cena se passa em plena selva de Lambarene, República dos Camarões. É já noite alta. O Doutor Schweitzer está diante de sua jovem enfermeira Marie, uma francesa que generosamente o acompanhou até a África, mas agora deseja voltar à França, pois percebe que sua vida se esvai naquela doação sem fim e sem retorno. Ela crê que é hora de buscar sua felicidade. O médico que tudo deixou na Europa, inclusive a família, para ir à África cuidar dos necessitados, lhe responde: “Estamos em plena selva, em plena noite e eu vou lhe contar um segredo que levei anos para descobrir. A felicidade não existe. E se existe e você é digna dela, você compreenderá que não tem direito a ela se não assumir parte do fardo de dor que pesa sobre os ombros da humanidade. É então que você abandona a felicidade em troca da alegria”.[3]

Desta alegria se trata. Não aquela euforia que a sociedade hoje procura apresentar como o ponto máximo da aspiração humana, feita de possuir, consumir, desfrutar sem cessar. A alegria não é sinônimo da felicidade, tal como é entendida hoje. Pode conviver com o sofrimento, com a dificuldade.

---

eu vou/ Tudo o que eu sei é viver/ E vivendo é que eu vou morrer/ Toma a decisão, aleluia/ Lança o teu saveiro no mar/ Quem não tem mais nada a perder /Só vai poder ganhar”.

2 <https://pt.wikipedia.org/wiki/Albert_Schweitzer>. A peça de Cesbron se intitula “Il est minuit, Docteur Schweitzer”, de 1952.

3 Gilbert Cesbron, “Il est minuit Dr. Schweizer”.

Alimenta-se da comunhão, com Deus e com o outro; é configurada pelo gozo da presença do Senhor que dá sentido à vida e pela responsabilidade assumida diante do próximo mais vulnerável e necessitado.

Esta é a chave que abre a porta para o documento que temos em mão: o chamado do Senhor que nos escolheu a cada um "para sermos santos e íntegros diante dele, no amor" (Ef 1,4; cf. GE 2). Porque – Francisco repetirá mais de uma vez ao longo do texto – é por essa alegria que se reconhecem os santos, já que, "como dizia Léon Bloy, na vida 'existe apenas uma tristeza: a de não ser santo'" (cf. GE 34).

2. Clareando alguns conceitos antes de prosseguir

A história do Ocidente, quando nomeou as grandes atitudes éticas e morais da humanidade, delineou tradicionalmente uma trilogia de modelos ideais: o sábio, o herói e o santo.[1]

O sábio é aquele que alcançou o equilíbrio, associando teoria com práxis e reflexão. Ele cultiva, sobretudo, as virtudes da ordem, da medida, da harmonia e da serenidade. O herói entrega-se ao serviço de uma causa que vai além de si mesmo e o leva a ultrapassar-se continuamente. Distingue-se pela fortaleza de alma, mas também pela magnanimidade e nobreza na escolha de suas posições. O santo é alguém possuído por um desejo infinito da Transcendência que para ele tem um nome: Deus. Ele ou ela segue a sede sempre mais aguda que lhe desperta esse desejo, menos pela busca de uma perfeição moral do que pelo amor de Deus, ao qual quer corresponder com total devoção e esquecimento de si.

Evidentemente, estas distinções são didáticas e pedagógicas. Ajudam, sem dúvida, no entendimento e na claridade. Mas a vida real de um indivíduo pode incluir, em graus diversos, uma mistura destas três categorias, assim como algumas qualidades dos mesmos. É de se notar igualmente que apenas o último termo do trinômio é especificamente religioso. O santo tem sido concebido ao longo dos tempos como aquele ou aquela

---

[1] Cf. A Bareau, Y. Congar, L. Gardet, F. Mallison, *Encyclopaedia Universalis*, version numérique, voix Sainteté. Ver também: G. Festugière, *La sainteté*, Paris, PUF, 1949.

que realiza em sua própria pessoa e comportamento o ideal de uma religião.

Etimologicamente a raiz da palavra santo ou santidade é complexa. Em latim clássico, *sanctus* (santo) se refere a *sanctio, sancire* (sanção, sancionar) e se aproxima de *sacer, sacrare* (sagrado, consagrado). Santo é, portanto, aquele que não "pertence" à realidade onde está situado e sim a Outro a Quem obedece. É alguém "sancionado",[2] separado do profano, reservado pelos deuses. Remete àquilo que é inviolável e que não faz número com as outras coisas e que, por isso, situa-se em uma esfera que o faz não poder ser tratado com mera familiaridade.[3]

Assim, quando uma realidade, uma pessoa humana, um deus são declarados santos, é mais uma questão de separação, de diferença absoluta, de não equiparação às outras coisas, de interdito ritual, do que de uma bondade intrínseca, que provoca veneração ou louvor. A Bíblia judaica e também a cristã adotam este conceito de santidade, sinônimo de alteridade e diferença, feito de pureza, justiça, perfeição – que seduz ao mesmo tempo em que surpreende –, enquanto o paganismo greco-latino chega a isso muito mais lentamente e identifica

---

[2] Segundo o *Dicionário Houaiss*, a etimologia de sanção é: lat. *sanctio,ónis* "ação de sancionar, sanção", do rad. de *sanctum* supn. de *sancìo,is,sanxi* ou *sancívi,sanctum* ou *sancítum,sancíre* "tornar sagrado ou inviolável; estabelecer solenemente por meio de uma lei; ratificar". E santo tem a etimologia apontada como: lat. *sanctus,a,um* "que tem caráter sagrado, augusto, venerando, inviolável, respeitável"; no lat. ecl. s.m. "bem-aventurado", do part. de *sancio,is,xi,ctum,círe* "dar, pôr, estabelecer; nomear, criar; ordenar, prescrever, mandar; marcar, designar, consagrar, dedicar, livrar, purificar"; ver *sant-*; f.hist. sXIII *santo*, sXIII *sanctos*, 1391 *sante*, sXIV *sãcto*, sXIV *ssãtas*.

[3] Cf. a clássica reflexão de Rudolf Otto sobre o numinoso, "tremendum et fascinans". In: *O sagrado*, São Leopoldo, Editora Sinodal, 2007.

uma pluralidade de divindades especializadas sem funções que atuam no meio do mundo ou desde um espaço a eles reservado. Não necessariamente, no paganismo greco-latino, as qualidades dos deuses encontram analogia nas virtudes humanas, nem é pensável que os seres humanos possam imitar ou seguir modelos de comportamento desses mesmos deuses. Por outro lado, na visão bíblica, a santidade está diretamente ligada à revelação de Deus, o Santo, na história, embora conserve toda a sua Transcendência. No Cristianismo, como se afirma que Deus mesmo se fez carne, afirma-se que existem seres humanos que podem aproximar-se de maneira muito intensa de Deus, seu ser e sua ação.[4]

Pessoas declaradas santas, canonizadas ou não, propõem um ideal de ser humano composto ao mesmo tempo por uma profunda vida interior, uma liberdade a toda prova e uma preocupação de agir "em favor dos outros", tornando assim visível o fruto das obras de Deus através de suas pessoas. Sua liberdade independe de condições econômicas e sociais. E é libertadora não apenas no plano espiritual, mas também no social, seja pelas obras e as opções assumidas, seja, eventualmente, pelas rupturas que a elas se seguem ou que a elas se antecipam.[5]

---

[4] Cf. *Encyclopaedia Universalis*, op. cit. Segundo a Bíblia judaica, só Deus é santo e a ele não se pode ver sem morrer. No Novo Testamento, Jesus Cristo é proclamado o Santo de Deus, ou seja, aquele sobre quem repousa a santidade divina. Com sua morte e ressurreição, é derramado sobre seus seguidores o Espírito Santo, e a santidade então se encontra acessível a todos e todas que vivem como Jesus.

[5] Queremos dizer aqui que alguém pode levar uma vida e adotar uma prática que pode ser qualificada de santa, devido às opções que ele ou ela assume no meio social em que vive e partindo de suas escolhas cotidianas sociais e políticas.

Santidade é vocação e destino pessoal. Resulta menos da execução de um programa ascético-moral do que de uma resposta absoluta e amorosa ao chamado e à vontade de Deus. Eis porque é bastante independente de projeção social ou psiquismo "saudável": não está fechada ou fora do alcance de sujeitos que padeçam de alguma desgraça ou patologia natural.[6] O desejo e o esforço para responder a Deus engajam o ser humano na busca de uma radicalidade espiritual e moral. E o chamado de Deus é imprevisível, irredutível às condições globais de vida, tal como os exemplos concretos que santos testemunham.[7] Eis porque as fronteiras entre santidade e loucura são, às vezes, não tão visíveis e perceptíveis.[8]

Isso não significa que esse chamado se dê de forma homogênea e igual através dos espaços e tempos e não ressoe diferentemente em um determinado contexto histórico, social e cultural muito concreto. A resposta da santidade está na maioria das vezes em harmonia com as exigências dos tempos e espaços em que vivem os santos. E, sendo um evento referido a homens e mulheres concretos, é também, sob este ângulo,

---

6 A psicologia tem sido pródiga em apontar patologias na vida e no comportamento de muitos santos e místicos. Cf. por exemplo: Catherine Clément; S. Khakar, *A louca e o santo*, Rio de Janeiro, Relume-Dumará, 1997. Assim também Carolyn Walker Bynum, *Holy Feast and Holy Fast*, Berkeley/Los Angeles/London, University of Califórnia Press, 1987, ou Denis Vasse, *L'autre du désir ou le Dieu de la foi*, Paris, Seuil, 2010.

7 Poderíamos citar aqui Charles de Foucauld, que era um nobre militar e acabou sua vida como um solitário ermitão no deserto africano. Ou Benoit Labre, que optou por levar uma vida de mendigo, a fim de testemunhar Jesus e pregar o Evangelho. Entre muitos outros.

8 Ver, por exemplo, alguns dos personagens de Dostoievsky, como o Príncipe Pouchkine, de *O idiota*, ou mesmo as palavras de São Paulo sobre a loucura da cruz (cf. 1Cor 1,18ss).

um objeto de estudo histórico, psicológico, sociológico. E, naturalmente, teológico.

O santo é uma pessoa "ex-cêntrica", uma vez que é sempre Outro quem o guia. Ao mesmo tempo, trata-se de pessoa bem consciente da própria fragilidade. Seu heroísmo consiste em consentir em ser conduzido por esse Outro, de forma que o poder divino se manifeste sobretudo ali onde a humanidade é com maior evidência mais fraca e impotente.[9] Já o afirma o mesmo Paulo de Tarso, ao dizer com inexplicável gozo, em meio a tormentos e tribulações: "Por isso sinto prazer nas fraquezas, nas injúrias, nas necessidades, nas perseguições, nas angústias por amor de Cristo. Porque quando estou fraco então sou forte" (2Cor 12,10).

Se define-se cada ato humano como livre e responsável e o ser humano é concebido na modernidade que moldou o pensamento ocidental mais recentemente como alguém que existe porque pensa e se concebe em termos de conhecimento e consciência,[10] o santo parece explodir em pedaços a matriz conceitual dessa definição. Seu conhecimento é revertido pela entrega amorosa ao Outro que o conhece e o ama. Experimentando-se conhecido e amado, entrega-se inteiramente a este Outro, por cujas mãos se deixa levar. E é então que começa a acontecer uma nova forma de conhecimento, de ciência. O santo conhece "ignorantemente", "amorosamente". Na verdade, "aprende" cada passo a ser dado, na medida em que se aprofunda na aventura do amor que lhe "ensina".[11] Os frutos

---

[9] Ver sobre isto: G. Mathon, Sainteté. In: *Catholicisme hier, aujourd'hui et demain* 61 (1992), p. 704. Ver igualmente A. J. Festugière, *La Sainteté*, op. cit.

[10] Cf. o célebre "cogito" cartesiano: "Penso logo existo".

[11] Cf. o adulto militar e nobre Inácio de Loyola, que constata que Deus o conduz "como um mestre-escola a um menino". *Autobiografia*, n. 27.

de sua ação então nascem em misteriosa imprevisibilidade. E são configurados como certeza de não saber, de não possuir nenhum poder sobre sua própria prática e comportamento. A única coisa que "sabe" é que não é possível não ser o que é e não fazer o que faz, porque essa é a vontade de Deus. Veja-se sobre isso, entre outros, o apaixonado Paulo de Tarso, que clamava cheio de desejo e consolação: "Ai de mim se eu não evangelizar" (1Cor 9,16).

A despeito do fato de que as hagiografias tradicionais enfatizem a ascese implacável, as terríveis penitências e o exercício das virtudes morais em nível heroico nas vidas dos santos, é importante não perder de vista duas coisas: a primeira é que a santidade não é uma *performance* ou um campeonato pelo qual se espera ganhar um prêmio ou uma medalha. Ao contrário, ela se verifica na capacidade de humilde e fielmente realizar as pequenas exigências do cotidiano com amor e paciência; a segunda é o fato de que a grandeza e a autenticidade do santo não dependem tanto de reconhecimento social ou mesmo eclesiástico. Está situada em um horizonte maior: o Mistério do ser divino, experimentado sempre em uma maneira original e nova, que é como um fogo que a tudo consome. Nesse sentido, há muitos santos não canonizados pela Igreja, santos sem coroa nem capela, mas que viveram radicalmente a entrega a Deus e a missão a eles e elas confiada por Deus fora dos limites institucionais da Igreja.

Amigo de Deus e amigo da vida, o santo mostra a possibilidade de viver a "intimidade com Deus" voltado em amorosa misericórdia para o mundo e a humanidade. Aqueles que fazem a experiência de ser encontrados e "ensinados" por Deus, acederão a um nível diferente de conhecimento que os levará a uma vida diferente e transformada, em adequação às necessidades de cada tempo e lugar.[12]

Veremos que o Papa Francisco, em sua exortação, seguirá essa linha que conecta o santo não só vertical e interiormente (com Deus e seu Espírito, que o habita e lhe concede experiências espirituais consoladoras e de plenitude) mas horizontalmente (com os irmãos), aos quais é levado a amar e servir impulsionado pelo mesmo Espírito do mesmo Deus.

[12] Citamos aqui Simone Weil em: *Attente de Dieu*, edition numérique, Saguenay, 2007, p 62: "Hoje não é ainda nada ser um santo, é necessária a santidade que o momento presente exige, uma santidade nova, ela também sem precedente".

3. O santo: uma testemunha

No capítulo 1 da exortação, o papa já inicia sua reflexão com uma categoria profunda e rica de significado: o testemunho. Citando a Carta aos Hebreus, cita a "nuvem de testemunhas" que acompanham os cristãos e os estimulam a não se deter no caminho, mas a correr para a meta (cf. Hb 12,1). Porém, para que não pensemos que essas testemunhas se situam em um tempo e espaço longínquos, demasiado elevados para que as alcancemos, menciona que elas podem estar muito próximas de nós: "nossa própria mãe, uma avó...", citando 2Tm 1,5.

A fé cristã foi desde seus começos uma fé no testemunho de outros. Os discípulos acreditaram em Jesus, no qual reconheceram e ao qual proclamaram testemunha fiel. As mulheres acreditaram que o túmulo não era o lugar daquele que estava vivo. Os apóstolos – depois de certa relutância – creram nas mulheres. E assim começou o caminho dessa proposta de vida que foi conquistando o mundo conhecido de então, forte apenas da palavra de alguns frágeis seres humanos que diziam: "Isso é verdade porque eu vi, eu experimentei. Dou testemunho e sou capaz de morrer por isso".

A fé cristã, desde seus inícios, é, portanto, uma fé de testemunhas e não tanto de textos. Cada vez se torna mais verdadeira e verificável a afirmação de que há que fazer uma teologia não de textos, mas de testemunhas. Fazendo apelo aos testemunhos de homens e mulheres que foram alcançados por Deus em meio à história, torna-se mais evidente a diferença entre fé e religião, fé e instituição. Mais claro ainda o que constitui a identidade mais profunda dos homens e mulheres de fé que somos chamados a ser e a ajudar outros a serem nesta confusa e difusa contemporaneidade em que vivemos. São eles e elas que nos mostram que a fé cristã ainda tem um papel a desempenhar hoje, desde que não perca sua identidade em meio aos tempos nebulosos em que vivemos.

O papa chama a atenção para o fato de que essas testemunhas nos ajudam não apenas nos dando seu testemunho inspirador para nossa caminhada aqui. Mas, tendo já chegado à presença de Deus, mantêm conosco laços de amor e comunhão (cf. GE 4). E podem ser por nós invocados, admirados e seguidos.

Heróis da fé e da caridade: alguns são verdadeiros heróis da fé, da esperança e da caridade. Homens e mulheres que viveram e vivem despojados de todo conforto, de toda segurança. Pessoas que foram capazes de sacrificar a própria vida no martírio cruento e radical – como, por exemplo, Monsenhor Oscar Romero – ou no oferecimento generoso da vida gota a gota até o último suspiro no serviço aos últimos, como Madre Teresa de Calcutá.

Eles mostraram-se capazes de uma entrega e uma doação que nos impressionam e nos fazem estremecer. Olhando-os, vemos com mais clareza nossa mediocridade e covardia em responder aos apelos de Deus, mas também percebemos com esperança que são pessoas como nós, humanas como nós somos. E que, se puderam em suas vidas limitadas e finitas chegar a esse grau de heroísmo, dignificam o gênero humano ao qual eles e nós pertencemos.

No entanto, para que não pensemos que santidade é sinônimo de heroísmo e morte violenta, o Papa Francisco fala, na segunda seção deste capítulo 1, dos "santos ao pé da porta". E parte de um princípio pneumatológico. Podemos ser santos porque Deus é santo e, além de enviar seu Filho – a testemunha fiel – para caminhar ao nosso lado e revelar-nos o caminho autêntica e plenamente humano para chegar à comunhão com o verdadeiro Deus, também derrama seu Espírito que atua em nós e nos faz santos. "O Espírito Santo derrama a santidade por toda parte, no santo povo fiel de Deus" (GE 3).

O papa cita, para apoiar sua afirmação, a *Lumen Gentium* – Constituição dogmática sobre a Igreja do Concílio Vaticano II: "... aprouve a Deus salvar e santificar os homens, não individualmente, excluída qualquer ligação entre eles, mas constituindo-os em povo que o conhecesse na verdade e o servisse santamente" (LG 9). Com isso, sublinha que a santidade não é uma aventura individual, mas uma empresa comunitária e coletiva. A pertença a um povo é constitutiva de sua identidade.

Na história da salvação, o interlocutor de Deus é o povo e não um indivíduo. Por isso, afirma o papa, ninguém se salva sozinho, senão que "Deus atrai-nos tendo em conta a complexa rede de relações interpessoais que se estabelecem na comunidade humana: Deus quis entrar em uma dinâmica popular, na dinâmica de um povo" (GE 6).

Testemunhas simples do cotidiano: onde podemos encontrar, então, esses *santos* que estão a nosso lado, ao pé da nossa porta? Segundo Francisco, no povo paciente de Deus: na família, nos pais que criam os filhos com amor, apesar das dificuldades; na gente que trabalha incansavelmente por anos para trazer o pão para casa; nos doentes e idosos que continuam a sorrir. Poderíamos acrescentar inúmeros exemplos àqueles mencionados pelo pontífice. Mulheres que criam os filhos sozinhas após serem abandonadas pelos companheiros; trabalhadores e trabalhadoras que permanecem por toda a vida em um trabalho honesto e mal remunerado e que ainda encontram tempo e entusiasmo para animar as comunidades, trabalhar na pastoral e organizar lindas liturgias para que o povo reze e encontre a Deus.

A esses o papa chama de "a classe média da santidade", utilizando uma expressão de outro autor.[1] Sua resposta ao chamado de Deus é feita de constância, persistência, fidelidade a um caminho que se faz no dia a dia, com paciência e amor. Aí vê Francisco a santidade da Igreja militante, constante e cotidiana, que pode estar perto de nós refletindo a presença de Deus.

Neles e nelas se constrói a verdadeira história da salvação, ainda que permaneçam anônimos e ocultos, não revelados pela história oficial. Só Deus detém o segredo da fecundidade que têm suas vidas e da força santificadora de seu testemunho humilde e abnegado. Francisco cita, para apoiar sua afirmação, uma santa do século XX, Edith Stein, Santa Teresa Benedita da Cruz. Ela afirma ser através de muitos desses santos anônimos e pouco "importantes" aos olhos do mundo e da própria Igreja que se constrói a verdadeira história. Escrevendo a partir dos abismos escuros e tenebrosos do Holocausto e da perseguição ao seu próprio povo judeu, Edith/Teresa diz que

> a corrente vivificante da vida mística permanece invisível. Certamente, os eventos decisivos da história do mundo foram essencialmente influenciados por almas sobre as quais nada se diz nos livros de história. E saber quais sejam as almas a quem devemos agradecer os acontecimentos decisivos da nossa vida pessoal, é algo que só conheceremos no dia em que tudo o que está oculto for revelado.[2]

---

1 Joseph Malegue, *Pierres noires. Les classes moyennes du salut*, Paris, 1958, nota a GE 7.

2 Edith Stein, Vida escondida e epifania, *Obras completas*, V, Burgos, 2007, p. 637, citado em GE 8, nota 6.

4. A santidade primordial

A teologia latino-americana tem refletido sobre o fato teologal das pessoas que vivem uma santidade – ou seja uma total intimidade com Deus e uma total doação aos outros – em meio a situações onde isso seria humanamente impossível. A esse fenômeno, o teólogo Jon Sobrino tem chamado de santidade primordial. Em meio a uma pobreza extrema ou a catástrofes que lhes subtraíram violentamente todo o pouco que lhes restava para viver, mulheres salvaram o que puderam e continuaram a dedicar-se ao cuidado da vida, cozinhando, partilhando, cuidando dos filhos seus e dos outros. Homens com algum vigor físico moviam montanhas de terra derrubadas por um terremoto e faziam o possível e o impossível para resgatar cadáveres e pessoas soterradas. Aí aparece ao mesmo tempo a tragédia e o encanto da humanidade e do humano: o sofrimento terrível que revela a santidade primordial.[1]

Quando a condição humana tem tudo para se animalizar e perder a dignidade, muitas vezes, em lugar disso, eleva-se com uma dignidade e uma altura espantosas. E isso pode dar-se com conotações de heroísmo, como já foi dito anteriormente, mas pode dar-se igualmente em termos de suportar o cotidiano extremamente difícil, injusto e violento, não perdendo por isso a alegria, a solidariedade e a capacidade de amar.

Assim, essa "santidade primordial", como diz Jon Sobrino, e que se aproxima bastante do que o Papa Francisco em sua Exortação chama de "santidade ao pé da porta", se dá na vida

---

[1] Jon Sobrino, Concilium, *Concilium* 351 (2013) 365-377. O autor cita aqui *Terremoto, terrorismo, barbarie y utopía. El Salvador, Nueva York, Afganistán, San Salvador*, Madrid, Trotta, 2002, e San salvador, UCA Editores, 2003.

de cada dia das pessoas pobres, simples e humildes. Diz o teólogo basco-salvadorenho que "para muitos seres humanos é seu modo habitual de vida. E ocorre em diversos graus dentro de uma gama muito ampla".[2]

No mundo de hoje muitos milhões de pessoas passam fome diariamente. Nos países mais pobres, do antigamente chamado Terceiro Mundo, alguns morrem ao nascer ou pouco depois de nascer, sucumbindo a uma mortalidade que é fruto da falta de elementares cuidados. Assim o comprovou no Brasil a Pastoral do menor, que, apenas assistindo as mulheres durante a gravidez e provendo aos bebês coisas simples como o soro caseiro, conseguiu baixar a mortalidade infantil de maneira notável.[3]

Existem nações inteiras que foram riscadas do mapa das grandes potências, como boa parte dos países da África e, mais perto de nós, o Haiti. Ali a fome, as epidemias, a injustiça gritante, vão ceifando vidas em ritmo acelerado e constante. Além da injustiça, existe outro inimigo da vida que tem um enorme potencial predatório: a violência. Em muitos países da América Latina, com destaque para o Brasil, assim como em outros países da América Central: El Salvador, Nicarágua, Honduras e também o México, há ondas devastadoras de homicídios, que é como uma epidemia que deixa um rastro de morte e horror.

As vítimas em geral são jovens, pobres e afrodescendentes. E as famílias sofrem o impacto que sua morte acarreta. As mães desses jovens assassinados são as únicas que jamais desistem

---

[2] Jon Sobrino, art. cit.

[3] Fundada pela doutora Zilda Arns, que se encontra atualmente em processo de canonização, a Pastoral do menor se estende hoje, além do Brasil, em vários países, diminuindo a mortalidade infantil. Disponível em: <https://www.pastoraldomenor.com.br/>. Acesso em: 23 de março de 2019.

de reclamar seus corpos para enterrá-los. Muitas vezes organizam campanhas para pedir paz e evitar que outros passem pelo mesmo destino que seus filhos. E continuam vivendo e participando da comunidade, dando um extraordinário testemunho de resiliência e de esperança ali onde só o desespero parece reinar.

Essas imensas maiorias atingidas em cheio em suas vidas pela sombra da morte, tanto através da injustiça como da violência, são comparáveis aos "anawim" da Bíblia, os pobres de Javé.[4] Vivem abrumados sob um peso intolerável e a cada dia têm que lutar contra a ameaça a suas vidas. Devem "buscar a vida" pelo trabalho cansativo ao extremo, pelo viver em circunstâncias sempre perigosas, pelo esforço de levantar a cabeça em meio a um sistema que não cessa de empurrá-los para as margens da sociedade. São os oprimidos, marginalizados, desprezados de todas as categorias. A Bíblia hebraica e cristã nomeou-os pluralmente: o pobre, o órfão, a viúva, o estrangeiro, os publicanos, as prostitutas, os leprosos etc.

Muitos desses vivem vidas obscuras, escondidas, esmagadas. E, mesmo assim, encontram força não só para seguir adiante, como até mesmo para ajudar os que lhes estão próximos. Assim, são vidas em si luminosas, mas que na maioria das vezes não são percebidas como tais por quase ninguém, inclusive pela própria Igreja.[5]

Alguns teólogos latino-americanos perceberam e refletiram sobre a santidade primordial dessas pessoas que não teriam nenhuma razão para esperar e, no entanto, esperam; não teriam nenhuma razão para amar e, no entanto, amam. São

---

4 Cf. Jon Sobrino, art. cit.

5 Ibid. No entanto, creio que poucas vezes a teologia se perguntou que *excelência* tem a vida dessas maiorias.

plenamente humanas porque cultivam o mínimo do humano, ou mais ainda, escolhem o que é humano e humanizador diante de todos os estímulos que as atingem e conduzem para a desumanidade.[6] Respondem à vida "com tudo que têm e com mais do que podem".[7]

Saber valorizar essa santidade primordial depende em boa parte do que se entende por santidade. Perfeição no exercício das virtudes? Imitação de Deus Pai em pessoa, ou da imagem que dele se compõe para uso próprio? Ou resposta radical ao Deus da vida mesmo em meio ao assalto contínuo da morte? Ou esperança contra toda esperança em um Deus que se fez pobre ele mesmo e se alinha ao lado das vítimas e é a única esperança dos crucificados da história?

Essa santidade se constrói em meio a uma criação que continuamente sofre a ameaça de ser destruída. E em sua obstinação em responder positivamente ao Deus Criador desta criação, em meio a todas as atrocidades sem compactuar com ela, consegue viver e lutar pela vida, sua e dos outros. A santidade primordial é aquela que faz resplandecer a beleza da vida em meio a um cotidiano brutal e destrutivo.

É algo que não corresponde à santidade que normalmente se vê nos processos eclesiásticos de canonização. Esses exaltam as virtudes heroicas. Aquela é uma santidade que se expressa em uma vida que é cotidianamente heroica.[8] Pois, até para poder ser vida, tem que realizar atos constantes de heroísmo. Nesse sentido, as vidas dos que vivem essa santidade primordial são milagrosas, pois milagrosamente sobrevivem em um mundo

---

[6] Pedro Trigo, El Dios de los pobres, *Revista Latinoamericana de Teología* 87 (2012), citado por Jon Sobrino, art. cit.

[7] Ibid.

[8] Jon Sobrino, art. cit.

hostil e adverso. E assim dão testemunho de um Deus que é Espírito e Vida e, por isso, capaz de sustentar o desejo e a força de viver mesmo em meio às maiores agruras e dificuldades.

Como diz belamente Jon Sobrino:

> A santidade primordial tem uma lógica diferente à da santidade convencional. E diferentes são suas consequências. Pobres e vítimas não exigem imitação, à qual podem convidar os santos segundo a doutrina oficial. E os santos primordiais raras vezes conseguem que alguém os imite. Mais bem a imitação é recusada por quase todos. Mas onde há bondade de coração, aí sim geram um sentimento de veneração e de querer viver em comunhão com eles.[9]

Parece-nos que em sua exortação que ora examinamos, o olhar de Francisco percebe essa santidade primordial, ao citar o exemplo de pessoas simples e de práticas ainda mais simples, mas não por isso menos santas (cf. GE 16).

Porém, percorrendo a exortação papal, vemos que esse olhar de Francisco vai mais longe ainda do que os horizontes visíveis e tangíveis que se podem enxergar a olho nu. Ao mesmo tempo em que valoriza enormemente aquela santidade que se dá no cotidiano modesto e aparentemente sem brilho de tantos e tantas, também afirma que isso que é por ele chamado de "o rosto mais belo da Igreja" (cf. GE 9) muitas vezes está fora do alcance dos sentidos, razão e certamente muito além das fronteiras e dos parâmetros da instituição eclesiástica. É uma santidade, portanto, anônima.

---

[9] Ibid.

5. A santidade "anônima"

No dizer do pontífice, mesmo fora da Igreja Católica e em áreas muito diferentes, o Espírito suscita testemunhas que são sinais de sua presença. E esses e essas que se encontram às margens ou fora da instituição brilham com a luz divina e auxiliam os próprios discípulos de Cristo a viver mais plenamente sua vocação.[1]

O desafio mais radical da modernidade à religião não é o lançado pelo humanismo ateu, metamorfose de uma "vontade de crer" que tem na dissolução do socialismo real de inspiração marxista seu ocaso. O mais radical desafio é o da indiferença como uma cultura que a tudo recobre, e dentro disso o do indiferentismo religioso. Numa sociedade marcada pela diferenciação de campos, parcelarização de tarefas, competências e saberes, o que é o "indiferente"? De certa maneira indefinível, ele está próximo do incrédulo (que hesita), do agnóstico (que não se pronuncia), do cético (que duvida, e, portanto, não pode aderir), do eclético (que adere parcialmente, ou a seu modo); o indiferente pode situar-se completamente fora do campo religioso, que o deixa insensível, ou provir parcialmente dele por certos aspectos que o caracterizam.[2]

É um aparente paradoxo da modernidade e da pós-modernidade o fato de que o indiferentismo religioso se acompanhe por uma efervescência em torno ao sagrado, tanto no sentido de revivescências fundamentalistas quanto de proliferações sectárias. Defrontamo-nos com uma situação desconcertante

---

1 Ao afirmar isso, Francisco cita João Paulo II, em *Novo Millenio Ineunte* 307.

2 Paul Valadier, *Catolicismo e sociedade moderna*, São Paulo, Loyola, 1991, p. 63.

para os pressupostos de uma teoria racionalista da progressiva e inelutável secularização, um desmentido das profecias dos mestres da suspeita.

É no bojo dessa crise, porém, que o Deus de Jesus Cristo demonstrará ser irredutível em sua gratuidade. Irredutivelmente gratuito, vale por si mesmo e não se deixa confundir com qualquer elemento de necessidade intramundana. Penetrar no universo religioso de sua gratuidade implicará subverter toda tentativa de apropriação utilitarista da presença do Deus que não existe para estabilizar o cosmos e a história segundo nossos humanos desejos. Implicará repetir com Santo Agostinho: "... *fecistis nos ad Te et inquietum est cor nostrum, donec resquiescat in Te*".[3] Essa entrada na gratuidade é o que salva o homem da servidão utilitarista, permitindo experienciar que

> ... a última palavra de tudo não é a troca, a indiferenciação propriamente mortal do "um vale o outro" senão que a primeira e a última palavra estão na descoberta maravilhosa de que o Outro é o que é, que se pode reconhecê-lo simplesmente na sua beleza e na sua generosidade que ultrapassa toda medida mercantil.[4]

A vida desses homens e mulheres que por esta divina Alteridade foram possuídos no século de onde ela parecia haver sido banida nos ensina isso hoje. Seu exemplo de vida dá um testemunho ao mundo da vivência plena do *ethos* do amor e da intimidade com Deus e do serviço aos outros, mesmo em meio ao vazio de Deus criado neste século. A vivência desses valores, no entanto, não é prerrogativa apenas dos santos canonizados pela Igreja. Há muitos outros santos, "cristãos sem

---

[3] *Confissões*, Liv. I, cap I. Tradução do texto de Agostinho.

[4] Paul Valadier, op. cit., p. 125.

Igreja" que igualmente podem ser paradigmas no caminho movediço e obscuro do ser humano hodierno. São santos sem coroa nem capela, cujo ensinamento e amor vividos até as últimas consequências podem inspirar as vidas humanas de hoje e de amanhã.

Essas afirmações feitas pelo Papa Francisco encontram apoio na mais sólida teologia católica, concretamente no teólogo Karl Rahner. Este afirma que todo ser humano possui dentro de si um dinamismo existencial sobrenatural e, por conseguinte, é, em sua essência mais profunda, aberto a uma possível revelação de Deus. Cada ser humano é, a um só tempo, doador e dom, fundamento da acolhida desse dom. Daí se infere que o ser humano é evento da autocomunicação de Deus. E isso não é verdade apenas de quem é batizado ou pertence a esta ou àquela Igreja, mas vale para toda a humanidade.

A partir dessa reflexão fundamental, Rahner defende que "todo homem é alcançado pela graça de Deus e, por isso, todo homem é um cristão anônimo...".[5] E quanto à Igreja, no pensamento de Rahner, ela não deveria ser considerada a comunidade exclusiva daqueles que têm o direito à salvação, e sim a vanguarda, socialmente relevante, a explicação em termos históricos e sociais daquilo que o cristão espera ser realidade escondida também fora da visibilidade da Igreja.[6]

O cristão anônimo, segundo Rahner, não é salvo por sua moralidade natural e intrínseca, mas porque ele experimentou a graça de Jesus Cristo, mesmo sem saber que o fazia. Aqui, ele faz uma diferenciação entre fé explícita e fé real não articulada. É Rahner mesmo quem afirma:

---

[5] Karl Rahner, Los cristianos anónimos, *Escritos de Teología,* VI, p. 535.

[6] Ibid.

> O cristão anônimo, em nosso sentido do termo, é o pagão após o início da missão cristã, que vive no estado da graça de Cristo através da fé, da esperança e do amor, ainda que não tenha tido nenhum conhecimento explícito do fato de que sua vida é orientada na graça dada para a salvação para Jesus Cristo... Deve haver uma teoria cristã para responder pelo fato de que todo indivíduo que não age em nenhum sentido absoluto ou último contra a sua própria consciência pode dizer e diz em fé, esperança e amor *Abba* dentro de seu próprio espírito e é, sobre estas bases, em toda verdade, na visão de Deus, um irmão para os cristãos.[7]

Assim, o cristão anônimo é aquele ou aquela que aceita uma demanda ética ou moral de sua consciência como absolutamente válida para ele ou ela e a abraça de tal forma num livre ato de afirmação, não importa quão irrefletido seja. Assim fazendo, declara e proclama o absoluto ser de Deus, quer ele o conheça ou o conceitue, quer não, como a velha razão, porque pode haver tal coisa como uma demanda moral absoluta de qualquer modo.

Estará, assim, sendo plenamente humano. E mais, estará sendo, mesmo inconscientemente, uma testemunha para seus semelhantes, que poderão inspirar-se em suas atitudes e seus gestos na vida e no mundo. Este parece ser o sentido profundo que Francisco quer imprimir a sua afirmação de que mesmo fora da Igreja Católica é possível encontrar homens e mulheres que com suas vidas dão autêntico testemunho da verdade que para os cristãos tem um nome: Jesus Cristo.[8]

---

7 Karl Rahner, *Theological Investigations*. Vol. 14, translated by David Bourke (London: Darton, Longman & Todd, 1976), p. 283.

8 Embora no n. 9 da GE Francisco se refira, citando João Paulo II na *Novo Millenio Ineunte*, à *oikumene* de todas as igrejas e denominações cristãs, cremos não ser forçar o texto estendermos essas afirmações mesmo para fora e mais além da confissão cristã.

Segundo a GE, cremos poder afirmar, sem trair o pensamento do papa, que a santidade – tal como a teologia cristã a entende – pode acontecer sem direta e necessária conexão com a moralidade, em especial dentro dos parâmetros casuísticos de acordo aos quais a mesma tem sido concebida. Juntamente com esta afirmação, está a convicção de que a santidade não ocorre necessariamente dentro de uma instituição religiosa. Ela é uma transformação completa da pessoa, a qual pode dar-se em diferentes circunstâncias.[9]

O santo é alguém que tem o gênio de contemplar com atenção criativa a realidade e o mundo e encontrar em sua experiência de Deus uma resposta original às demandas e interpelações que seu momento histórico e social levanta. A santidade é, pois, um processo vital que inclui não apenas uma experiência religiosa, mas conecta esta com a ética e a práxis. Pode, inclusive, acontecer sem qualquer filiação religiosa explícita, desde que os frutos que dela transbordam no serviço e na disponibilidade ao outro possam ser reconhecidos como verdadeiros e absolutos, levando então os crentes a nele ver aquilo em que creem.

Em suma, assim como Rahner defende a existência de um "cristianismo anônimo", cremos poder, à raiz da exortação GE do Papa Francisco, afirmar a existência de uma "santidade anônima" que transforma divinamente a realidade sem que haja disso consciência explícita ou confissão de fé.

A abertura para essa visão foi dada já no Concílio Vaticano II. Neste grande evento eclesial do século XX, pela primeira vez, afirma-se encontrar santidade não somente entre aqueles

---

[9] Seguimos neste texto em grande parte nosso texto "Mística y santidad: genio y práctica del amor", publicado em: *Concilium* (Estella), v. 351, p. 95-112, 2013.

que não creem explicitamente, como também entre aqueles que creem em outras religiões. O ensino conciliar sobre as religiões se caracterizou por uma atitude positiva diante destas, possibilitando uma importante renovação teológica e espiritual.[10] Afirmou o Concílio respeitar e valorizar tudo de bom e de santo que é suscitado pelo Espírito em outras tradições, declarando o caráter "verdadeiro e santo" das outras religiões, reconhecendo elementos positivos de vida e santidade presentes inclusive nas religiões não cristãs.[11]

O Vaticano II reconheceu ainda que a salvação humana vai muito além dos limites da Igreja institucional. E essa afirmação tem como base a pneumatologia. Por intermédio do Espírito Santo, Deus "opera de modo invisível" e oferece a todos a salvação, admitindo e proclamando que Deus salva a humanidade – cremos que não seria demasiada ousadia dizer santifica a humanidade – "por caminhos só por ele conhecidos" (cf. GS 22).

No entanto, uma vez bem clarificado o horizonte desde o qual fala, o papa passa ao tema que lhe parece central, no que diz respeito à santidade cristã. Trata-se do chamado de Deus a todos os seres humanos e a cada um em particular.

---

[10] LG 16 e 17; AG 3, 9 e 11, além de toda a NA.

[11] Cf. NA, 2; UR, 3; LG 13.

6. O chamado e a missão: a todos e a cada um em particular (o Reino de Cristo)

Embora a santidade seja um caminho para todos, o papa vai em seguida demonstrar que ela não pode ser fabricada pela indústria humana, mas depende inteiramente da iniciativa e da graça de Deus, embora peça uma resposta da parte do ser humano. Na origem de todo processo de crescimento na fé e na caridade reconhecido como "santo" está o chamado de Outro. Outro que não se compara nem faz número com nada do que existe. Que é Infinito e se dá infinitamente, pedindo por isso mesmo uma resposta ilimitada e suscitando uma confiança igualmente ilimitada: Deus.

Francisco afirma que o que deseja recordar "com esta exortação é, sobretudo, a chamada à santidade que o Senhor faz a cada um de nós, a chamada que dirige também a ti, ou seja, a todo fiel e diretamente ao leitor desta Exortação Apostólica: 'sede, pois, santos, porque eu sou santo'" (Lv 11,45; cf. 1Pd 1,16; GE 10). E aqui vemos aflorar a espiritualidade inaciana que Jorge Mario Bergoglio recebeu e da qual bebeu durante seus longos anos como jesuíta e que encontra sua fonte nos *Exercícios espirituais* de Santo Inácio de Loyola.

O livrinho dos *Exercícios* de Santo Inácio[1] contém, na verdade, um caminho, um itinerário composto de quatro semanas. Após uma meditação introdutória denominada "Princípio e fundamento" (cf. EE.EE. 23), onde é declarado em breves

---

[1] *Exercícios espirituais de Santo Inácio de Loyola*, São Paulo, Loyola.

linhas o fim para que o ser humano é criado e o que deve buscar para chegar a esse fim, Inácio propõe ao exercitante uma primeira semana.

Impropriamente, a nosso ver, essa primeira semana é intitulada "semana do pecado". Na verdade, consiste em uma série de meditações sobre a condição humana, sua fragilidade, sua finitude, sua incapacidade para valer-se sozinha e realizar isoladamente a própria salvação. Ao mesmo tempo em que constata sua finitude e limitação, o exercitante olha para o Cristo crucificado pelo pecado do mundo e da humanidade e se pergunta o que fez, o que faz, o que deve fazer por ele (cf. EE.EE. 54).

A oportunidade para encontrar a resposta virá na primeira meditação proposta na segunda semana: a meditação sobre o Reino de Cristo (cf. EE.EE. 91-98). O exercitante é posto diante de Jesus Cristo, que em sua vida pública percorre cidades, aldeias, pelo mundo todo. Este Cristo que assim atua e se move por toda parte é chamado por Inácio "Rei Eterno e Senhor Universal" (cf. EE.EE. 91).

Ele se dirige a todos e a cada um em particular. Chama a humanidade, mas chama a cada um, cada homem, cada mulher para segui-lo e participar da construção do Reino de seu Pai. Por isso, após orientar o exercitante a que peça a graça de " não ser surdo ao seu chamamento, mas pronto e diligente em cumprir sua santíssima vontade" (EE.EE. 91), Inácio o situará diante de Jesus, que a ele se apresentará e com ele dialogará:

> ver a Cristo nosso Senhor, rei eterno, e diante dele todo o mundo universal, ao qual e a cada homem, em particular, chama e diz: Minha vontade é conquistar todo o mundo e todos os inimigos, e assim entrar na glória de meu Pai; portanto, quem quiser vir comigo, há de trabalhar comigo, para que seguindo-me na pena, me siga também na glória (EE.EE. 95).

Inácio prevê que os que ouvem esse chamado podem dar dois tipos de resposta: a primeira seria a do juízo e da razão. Não é possível recusar um convite desses, sobretudo vindo de quem vem. Racionalmente muitos dizem sim e vivem sua vida procurando viver ética e honestamente, preferindo a bondade à maldade, buscando a fidelidade com lutas diárias. Trata-se de uma resposta legítima e que garante a todos a entrada no caminho do que o papa já chamou antes, em sua exortação, de "a classe média da santidade" (cf. GE 7).

Mas há ainda uma outra resposta: a daqueles que querem se destacar, ir mais fundo, ser mais radicais. Em quê? No amor. Essa é a resposta da santidade, expressa em uma oração de oferecimento-oblação que muito provavelmente é de autoria direta do próprio Inácio.

> Os que mais se quiserem afeiçoar e assinalar em todo o serviço de seu rei eterno e senhor universal, não somente oferecerão suas pessoas ao trabalho, mas ainda, agindo contra a sua própria sensualidade e contra o seu amor carnal e mundano, farão oblações de maior estima e valor, dizendo: *Eterno Senhor de todas as coisas, eu faço a minha oblação, com vosso favor e ajuda, diante da vossa infinita bondade, e diante da vossa Mãe gloriosa e de todos os santos e santas da corte celestial, que eu quero e desejo e é minha determinação deliberada, contanto que seja vosso maior serviço e louvor, imitar-vos em passar todas as injúrias e todo o desprezo e toda a pobreza, assim atual como espiritual, se Vossa Santíssima Majestade me quiser escolher e receber em tal vida e estado.*

No fundo Santo Inácio intui, e essa intuição lhe é confirmada por revelação do próprio Deus, que o chamado feito a todos e a cada um não pode ser menos que a santidade, embora cada um e cada uma viva esse chamado e essa resposta de modos e graus de intensidade diferentes.

Como referência maior, no entanto, está sempre a pessoa de Jesus e seu mistério. O segredo da antropologia dos *Exercícios* é a cristologia, e, portanto, o chamado é a sair da mediocridade, como propõe a GE logo no início de seu texto (cf. GE 1), e oferecer-se inteiramente ao trabalho. Os matizes afetivos que tomarão as ofertas de vida de uns e outros podem diferir, mas a radicalidade deve ser total. Porque o referencial é absoluto: Jesus Cristo, Verbo de Deus encarnado, verdadeiro Deus e verdadeiro homem. Plenamente humano e absolutamente divino. Trata-se de imitar e seguir a este que chama e que é o Jesus pobre e humilde, mas igualmente o Rei Eterno e Senhor Universal.

Esse chamado da meditação do Reino de Cristo (cf. EE.EE. 91-98) será confirmado em outros exercícios fundamentais na caminhada das quatro semanas: As Duas Bandeiras (cf. EE.EE. 136-147) e os Três graus de humildade ou Três maneiras de humildade (cf. EE.EE. 164-168), onde o exercitante é levado, pelo movimento dos *Exercícios*, a pedir aquilo que pode mais assemelhá-lo a Jesus Cristo: a pobreza, a humildade e a cruz, em uma vida de entrega total à missão que Deus lhe tem preparada.

Na verdade, a santidade tal como entendida e proposta na GE é uma santidade ativa, missionária, mesmo que contenha um alto grau de contemplação e valorize sobremaneira a vida espiritual e de oração. O papa entende, assim, que, ainda aqueles que seguem uma vocação contemplativa, recolhidos em claustros e em ordens dedicadas inteiramente à oração e ao silêncio, vivem uma missão. A própria Igreja reconhece explicitamente isso ao proclamar a carmelita Teresa de Lisieux, alguém que entrou com 15 anos no Carmelo e dele nunca saiu, padroeira das missões. Seu "companheiro" nesse patronato é o incansável e impaciente missionário Francisco Xavier, sj, jesuíta que abriu as portas do Oriente para o Evangelho. A Igreja diz aí aos fiéis que a vida cristã é necessária e constitutivamente missionária, mesmo quando se passa na maior parte do tempo entre as paredes de uma cela e do claustro.

Santidade, portanto, para o papa, é inseparável de missão. E assim ele o explicita com clareza insuperável:

> Cada santo é uma missão; é um projeto do Pai que visa refletir e encarnar, em um momento determinado da história, um aspecto do Evangelho (GE 19). Em cada santo, portanto, se encontra uma resposta radical e profunda a um desejo: o desejo de Deus. Desejo esse que não visa apenas a pessoa escolhida e chamada, mas o que ela poderá fazer de bem aos outros, seus semelhantes, abrindo um novo futuro para a história da humanidade.

A santidade proposta por Francisco está, portanto, longe de ser algo privado e subjetivo, mas pretende alcançar toda a humanidade e a criação inteira. O santo pertence ao gênero humano e a ele se deve por completo. Uma vez que o próprio Deus santificou a humanidade por sua encarnação, todo aquele que segue o Verbo que se fez carne é chamado a participar dessa santidade presente na história e, para isso, não deve evadir-se da condição humana, mas ser, sempre mais, plenamente humano.

E Francisco adverte uma e outra vez para a tentação de pensar que a santidade exige retirar-se do mundo, em uma quietude onde nada nem ninguém perturbe e impeça o encontro em profundidade com Deus. Pelo contrário, esse encontro só pode dar-se na imersão e no compromisso com o mundo.

> Não é saudável amar o silêncio e esquivar o encontro com o outro, desejar o repouso e rejeitar a atividade, buscar a oração e menosprezar o serviço. Tudo pode ser recebido e integrado como parte da própria vida neste mundo, entrando a fazer parte do caminho de santificação. Somos chamados a viver a contemplação mesmo no meio da ação, e santificamo-nos no exercício responsável e generoso da nossa missão.
>
> Poderá porventura o Espírito Santo enviar-nos para cumprir uma missão e, ao mesmo tempo, pedir-nos que fujamos dela ou que evitemos doar-nos totalmente para preservarmos a paz interior? Obviamente não; mas, às vezes, somos tentados a relegar para posição secundária a dedicação pastoral e o compromisso no mundo, como se fossem "distrações" no caminho da santificação e da paz interior. Esquecemo-nos disto: "não é que a vida tenha uma missão, mas a vida é uma missão".[2]

Essa vida missionária e santa, o pontífice esclarece que é para todos e todas e não implica a entrada na vida religiosa ou consagrada (cf. GE 14-16). A todos, inclusive aos leigos, esse chamado do Senhor se dirige, independentemente do seu estado de vida. E a todos a graça para realizá-lo é dada. Aos cristãos leigos como também aos religiosos e sacerdotes.

---

[2] GE 26 e 27, citando na 27 Xavier Zubiri, *Naturaleza, historia, Dios* (Madrid 31999), 427.

7. Santidade e teologia da vida cristã

É curioso ver como na Igreja Católica, entre os santos canonizados oficialmente, poucos são leigos. Talvez algum rei ou rainha católico. Ultimamente o Papa Francisco tem insistido em levar aos altares alguns cristãos leigos, mudando em certa medida esse estado de coisas.

Na verdade, a santidade é vocação maior do cristão leigo tanto quanto do sacerdote ou dos religiosos. Essa certamente é a visão de Santo Inácio, que propunha seus exercícios a vários leigos, homens e mulheres, antes e depois da fundação da Companhia de Jesus. Assim também essa parece ser a visão do Papa Francisco nessa Exortação, onde várias vezes encontramos exemplificada a santidade com figuras leigas: a mãe de família (cf. GE 3; 143), o trabalhador (cf. GE 14), a senhora que vai ao mercado fazer as compras (cf. GE 16).

Para não deixar lugar a dúvidas, o papa diz explicitamente na GE:

> para ser santo, não é necessário ser bispo, sacerdote, religiosa ou religioso. Muitas vezes somos tentados a pensar que a santidade esteja reservada apenas àqueles que têm possibilidade de se afastar das ocupações comuns, para dedicar muito tempo à oração. Não é assim. Todos somos chamados a ser santos, vivendo com amor e oferecendo o próprio testemunho nas ocupações de cada dia, onde cada um se encontra (GE 16).

Da mesma forma, seu mestre Inácio afirmava nos *Exercícios Espirituais* 135, ao entrar na contemplação dos mistérios da vida de Cristo:

> ... juntamente com a contemplação da sua vida, começaremos agora a investigar e a pedir em que vida ou estado de nós se quer servir Sua Divina Majestade. E assim, para alguma introdução a isso, no primeiro exercício seguinte, veremos a intenção de Cristo nosso Senhor e, em contrário, a do inimigo da natureza humana; e como nos devemos dispor, para chegar à perfeição em qualquer estado ou vida que Deus nosso Senhor nos der a escolher (EE.EE. 135).

Se a perfeição é para todos, a santidade – tradução mais atualizada de perfeição – é também para os cristãos leigos que, a partir de seu Batismo, são chamados ao seguimento radical de Jesus Cristo e à vida de união com Deus. Nesse sentido, Francisco está sintonizado com a mais atual teologia do laicato.

Se vamos pedir ao texto bíblico – tanto vetero como neotestamentário – uma fundamentação para o que seria uma "espiritualidade laical" ou "dos leigos", nossa busca não será muito frutífera. Não só na Sagrada Escritura não se faz referência a tal espiritualidade, como nem sequer se fala de "leigos" enquanto tal.[1] Já o AT, ao mesmo tempo em que afirma que só Deus é santo (cf. 1Sm 2,2; 2Rs 19,22; Sl 22,3; 89,18; Is 6,3; 12,6 etc.), declara também que todo o povo é santo, porque chamado à santidade (cf. Dt 7,6; 14,2; 26,19; Sl 34,9 etc.). E no NT, todos os cristãos são chamados a viver "em Cristo", ou seja, a

---

[1] Yves Congar, em *Dictionnaire de Spiritualité (DSp)* t. IX, col. 79, verb. *Laïc et laicat*, diz que a palavra existia, anterior mesmo ao vocabulário religioso cristão e estranha ao emprego específico de "*laós*" no texto grego do AT. Podia ser encontrada desde o século III a.C., nos papiros e inscrições, no século II a.C., na língua cultual grega, para designar os não iniciados, e, enfim, nas traduções judaicas da Bíblia em grego, aplicada às coisas para significar "profano", ordinário, não especialmente consagrado a Deus (1Sm 21,5-6; Ez 22,16; 48,15). Mas o termo não se encontra no NT.

viver uma vida santa, na união e incorporação a Jesus Cristo, Messias, Senhor e Santo de Deus (Rm 6,1ss; 2Cor 3,3ss etc.), possibilitada pelo Espírito Santo. E o apóstolo Paulo chama sem hesitar a todos os cristãos de "santos", usando este denominativo quase tão frequentemente como outros (por exemplo, irmãos etc.) (cf. Rm 1,7; 8,27; 12,13; 15,25; 16,2; 1Cor 6,2; 7,14; 7,34; 16,1 etc.).[2]

A originalidade e o tipicamente cristão, portanto, é que todos estão consagrados a Deus, e que não há nenhum cristão que tenha uma vida "profana". O batizado, seja qual for o carisma recebido e o ministério que exerce, foi, mediante o Batismo, incorporado a Cristo e ungido pelo Espírito, e, assim, constituído membro pleno do povo de Deus.[3] Trata-se, portanto, de alguém chamado à santidade.

Nesse particular, a Igreja oriental pode talvez fornecer pistas valiosas, no sentido de que foi mais capaz de conservar e preservar os pontos nodulares da raiz da espiritualidade bíblica. Para a Igreja oriental, todo membro do povo – "*laós*" – de Deus, qualquer que seja seu lugar dentro do conjunto deste povo, é "pneumatóforo", ou seja, "portador do Espírito", em virtude da dimensão visceral e profundamente pneumática dos sacramentos da iniciação cristã: o Batismo, a Crisma e a Eucaristia.[4]

---

[2] Seguimos aqui de perto nosso livro *Ser cristão hoje*, São Paulo, Ave Maria, 2014.

[3] Ibid. Ver também Juan Antonio Estrada Diaz, *La identidad de los laicos. Ensayo de eclesiologia*, Madrid, Paulinas, 1989, p. 117. Ver também Bruno Forte, *A missão dos leigos*, São Paulo, Paulinas, 1987, p. 31.

[4] Cf. Olivier Clément, L'Eglise, libre catholicité des consciences personnelles. Point de vue d'un théologien de l'Eglise orthodoxe, *Le Supplément* 155 (1985), p. 55-56.

Carismático porque ungido pelo Espírito, todo batizado é rei, sacerdote e profeta na unidade do povo de Deus ("*laós théou*"). E o povo de Deus, assim formado, não são os leigos opostos ao clero. Mas sim o *pleroma* do Corpo de Cristo, onde todos são leigos (porque povo) e sacerdotes (em virtude dos sacramentos) e onde o Espírito diferencia os carismas e os ministérios.[5]

Se adotamos essa perspectiva, parece-nos impróprio continuar falando em termos de uma espiritualidade própria aos leigos ou mesmo "leiga" ou "laical". Não teria sentido nem cabimento dentro de tal visão de Igreja. Na verdade, o leigo é o cristão "sem adjetivos". Sua espiritualidade, portanto, não pode ser outra, senão a espiritualidade mesma da vida cristã. O batizado, incorporado a Cristo e ungido pelo Espírito, é partícipe das riquezas e responsabilidades que seu Batismo lhe dá. E, por isso, não é menos "consagrado" que outros. Nem tampouco menos chamado à santidade que seus irmãos e irmãs que escolheram outro estado de vida. O fundamento da vida de todo cristão continua a ser a consagração batismal, e é desta que decorre sua vida espiritual.[6] É desse chão comum que a todos irmana que emerge o chamado à santidade para todos.

O fato de que nessa única espiritualidade que emerge do Batismo existam diferentes carismas e vocações, não elimina a constatação de que ela encontra sua raiz num único chão: o do Evangelho de Jesus Cristo, do qual se depreende somente

---

[5] Ibid. Importa, no entanto, fazer a ressalva que já mesmo na teologia do Ocidente se encontram tendências nessa direção. Ver, por exemplo, a afirmação de Bruno Forte, op. cit., p. 31, no sentido de que a eclesiologia que emerge de uma concepção não "compartimentada" do povo de Deus é uma eclesiologia *total* e a *laicidade* passa a ser assumida como dimensão de toda a Igreja presente na história.

[6] Cf. Bruno Forte, op. cit., p. 31, 35.

toda e qualquer experiência de vida no Espírito que reivindique para si o nome de cristã. Conforme essa espiritualidade for sendo vivida por diferentes categorias de pessoas, em diferentes situações e caminhos, poder-se-á falar de multiplicidade de vocações – certamente bem mais numerosas que as três categorias jurídicas antes mencionadas, a saber: clero, religiosos e leigos – para viver o chamado do mesmo Deus. Enquanto é bom e rico que hajam ministérios múltiplos, nos quais se realizam o dom e o compromisso de cada batizado, fazer demasiada ênfase na categoria *laicato*, contrapondo-a ao *clero* ou à *vida religiosa*, só vai resultar em uma abstração negativa, que empobrecerá toda a vida eclesial.[7]

Consciente disso, o papa a todos anima neste caminho:

> Deixa que a graça do teu Batismo frutifique num caminho de santidade. Deixa que tudo esteja aberto a Deus e, para isso, opta por ele, escolhe Deus sem cessar. Não desanimes, porque tens a força do Espírito Santo para tornar possível a santidade e, no fundo, esta é o fruto do Espírito Santo na tua vida (cf. Gl 5,22-23; GE 15).

---

[7] Cf. ibid., p. 37.

8. O desafio de ser "de Deus" no meio "do mundo"

Hoje, não menos que ontem, o cristão – seja ele clérigo, religioso ou leigo – é chamado a viver sua fé em Deus e no seguimento de Jesus Cristo que ela inclui sempre mais no meio do mundo. Mundo este que não é o mundo idílico, perfeito, completo e reconciliado que parecem descrever muitos dos modernos discursos. Pensamos, em particular, naqueles marcados pelo otimismo dos progressos e conquistas da modernidade, assim como nos que se encontram atravessados de lado a lado pela interpelação legítima, mas nem sempre objetiva da questão ecológica. A inserção nas realidades temporais ou terrestres é específica para cada um e todos os batizados, podendo acontecer sob variadas formas mais ligadas a carismas pessoais.[1]

No entanto, é em meio a este mundo que o cristão – leigo, religioso ou sacerdote – é chamado a viver o que se chama *experiência de Deus*, a descobrir o fato grande e ao mesmo tempo tão simples de que Deus é um Deus que se revela e, mais do que isso, que se deixa experimentar. E essa experiência não é unilateral (o ser humano experimenta Deus), mas tem duas vertentes e duas vias (Deus mesmo se deixa experimentar pelo homem que o busca e o experimenta). Assim, ao mesmo tempo que propicia que o homem sinta o gosto e o sabor de sua vida divina, Deus entra por dentro da realidade humana, mortal e contingente, na encarnação, vida, morte e ressurreição de Jesus Cristo. Experimentando-a visceralmente, até o fim, "aprende"

---

[1] Cf. Bruno Forte, *A missão dos leigos*, São Paulo, Paulinas, 1987, p. 41.

de sua criatura o jeito de, pelo amor, "kenoticamente" despojado, viver cada vez mais seu modo próprio de existência, que é o de ser o Deus Amor. A revelação de Deus em Jesus Cristo é, pois, o fundamento teológico da relação do ser humano com o mundo, pois concede dimensão crística a tudo que é criado e ressalta a dimensão cósmica da encarnação.[2]

A essa experiência de Deus, fruto do dom pleno e radical do mesmo Deus, só pode suceder, por parte do cristão, a oblação total e radical da vida, único e mais precioso bem, em culto espiritual agradável a Deus. À entrega divina total só pode corresponder uma resposta e uma entrega igualmente totais por parte do ser humano. Quanto a essa exigência, não existe distinção de categorias, segmentos ou níveis de pertença dentro do povo de Deus. Oferecer-se inteira e totalmente, "oferecer seu corpo como hóstia viva, santa, imaculada e agradável a Deus" (cf. Rm 12,1), é o culto espiritual de todo e qualquer cristão, seja ele quem for e pertença ele a que estamento da organização eclesial pertença.[3]

Ora, já desde os tempos neotestamentários, o cristão é uma pessoa que vive a cavaleiro entre tempo e eternidade; ou melhor, é alguém que experimenta em sua carne e em sua vida a eternidade que atravessa o tempo histórico e por dentro o trabalha e configura. É ele, portanto, um "vivente escatológico", ao mesmo tempo cidadão de um futuro absoluto e da cidade celeste e, por isso, estrangeiro neste mundo, dentro do qual sempre se encontra como que exilado e "fora" de lugar. E, no

---

[2] Ibid., p. 39.

[3] Há que ver, a esse respeito, a frase do célebre jesuíta brasileiro Pe. Leonel Franca, sj, cujo centenário ora celebramos e que resume bem o que acabamos de dizer: "Com o absoluto não se regateia. Quem não deu tudo ainda não deu nada. Todo sacrifício tem que ser holocausto". Ver também o que sobre isso diz Bruno Forte, op. cit., p. 31, comentando LG 10.

entanto, experimenta, assim, o belo paradoxo de que esta terra, que não é sua pátria definitiva, lhe é dada por Deus como dom e missão: como domínio a gerir, como obra a acabar, como plenitude a consumar.[4]

Nesse sentido, todo cristão batizado, pela consagração mesma do seu Batismo, é um "posto à parte", um "separado" de dentro do mundo. O NT não poupa expressões fortes e radicais para significar a entrada na vida cristã, tais como: selo do Espírito (cf. Hb 1,13-14); imersão na morte de Jesus (Rm 6,1ss) etc. Não é de admirar que a Igreja tenha, em sua doutrina, declarado que o Batismo é um sacramento que "imprime caráter", ou seja, marca indelevelmente aquele ou aquela que o recebe com uma marca que permanece para sempre.[5] Assim sendo, o batizado é chamado a oferecer constantemente o sacrifício espiritual da vida consagrada a Deus, não se conformando com este mundo, mas *discernindo* dentro dele o que é melhor, o que é perfeito, o que é de Deus (cf. Rm 12,1-2). O cristão leigo, cristão "sem adjetivos nem acréscimos", que por muito tempo foi definido como aquele que não celebra o sacrifício ritual, é, no entanto, protagonista indiscutível desse sacrifício existencial que consiste na oblação da própria vida a Deus para o serviço do mundo e dos irmãos. No entanto, hoje, nos tempos que vivemos após o Vaticano II, sabemos que, pelo fato de sermos todos batizados, somos igualmente todos e todas chamados à santidade, ou seja, ao pleno seguimento de Jesus Cristo, movidos por seu Espírito e realizando a vontade do Pai.

---

4 Ibid.

5 Ver a bela reflexão que a esse respeito faz Joseph Marie Tillard, Le "caractère" baptismal, *Initiation à la pratique de la théologie*, v. III, p. 425.

9. Santidade: o destino de todo batizado

O significado etimológico da palavra "Batismo" está intimamente ligado a este elemento que é seu sinal sensível, criador da realidade sacramental: a água. Batismo, portanto, vindo do grego βάπτισμα, quer dizer imersão, banho. A Lei judaica, já no AT, prevê e inclui em suas prescrições abluções e banhos rituais purificadores, usando a água como elemento central.[1] Além disso, as pesquisas exegéticas identificam práticas batismais já nas comunidades essênias.[2] E, entre os dois testamentos, aparece o

---

1 Ex 29,4; 30,18-20; 40,7.12.30; Lv 1,9.13; 6,28; 8,6; 11,32-36; 14,9.50.51; 15,5ss; 16,4; 24–27; 17,15; 22,6; entre muitos outros.

2 Os essênios são, na associação religiosa judaica da Palestina, de caráter monacal e tendência ascética. Sua origem provém, provavelmente, dos assideus (cf. 1Mc 2,42 e nota). Não são mencionados na Bíblia. Com a descoberta dos escritos do mar Morto (1947) e das ruínas de Qumran, ficaram melhor conhecidos os costumes e a doutrina dos essênios e seu possível relacionamento com os fariseus e o NT. As características do grupo são: os candidatos passavam por um período de um ano de "postulantado" e dois anos de "noviciado"; o candidato era aprovado como membro após um juramento e recebia uma doutrina secreta. Praticavam a pobreza, o celibato e a obediência a um superior. Faziam abluções rituais e orações matinais. Veneravam Moisés e os anjos. Observavam o sábado, mas estavam separados do culto do templo. Segundo alguns, João Batista teria sido membro da seita dos essênios (Lc 1,60; 3,1-21). As pesquisas são abundantes sobre esta nova área de estudos que se abriu com a descoberta de 1947. Quem quiser se aprofundar sobre isto, ver Pedro Paulo Alves dos Santos, Os manuscritos de Qumran e o Novo Testamento: observações preliminares e a questão do *Corpus Johanneum*. *Atualidade Teológica. Revista do Departamento de Teologia da PUC/RJ*. Rio de Janeiro, v. III, n. 4, p. 9-49, 1999; Pedro Paulo Alves dos Santos, Jesus viveu como um essênio? Qumran e as raízes do Cristianismo, *Superinteressante*, São Paulo, 2002.

Batismo de João Batista, que o próprio Jesus vai receber e que tem características penitenciais e purificadoras.

O Batismo de João, porém, é diferente do Batismo de Jesus, e os autores neotestamentários fazem questão de ressaltar esse ponto. O primeiro é um rito de penitência, que vai servir de preparação para o verdadeiro Batismo, que será o de Jesus (cf. At 19,1-7). Entre João e Jesus há, pois, uma continuidade, na medida em que Jesus recebeu o Batismo de João, recebeu discípulos de João em seu grupo, os quais receberam o Batismo de João e há igualmente uma superação e novidade: expressa pelo próprio João (Mt 3,11).

Nos textos neotestamentários, a Igreja primitiva nos aparece mais preocupada em salientar a novidade radical desse ritual em relação aos rituais judaicos e o conteúdo salvífico próprio desse gesto sacramental: o cumprimento das promessas de Deus e a realização das maravilhas de sua salvação em favor do povo. Vejamos o que estes nos dizem: O Batismo cristão encontra sua raiz no mandamento de Jesus: Mt 28,16-20; Mc 16,15-20. É imperativo, portanto, e não uma opção, para todos os que desejem segui-lo, praticar e anunciar seu Evangelho. O final dos Evangelhos de Mt e Mc nos demonstram que a primeira comunidade cristã, após batizar durante algum tempo "em nome do Senhor Jesus", compreende que está em plena sintonia com o desejo de Jesus, o batismo em nome do Pai, do Filho e do Espírito Santo, como meio para "fazer discípulos a todas as nações". E assim, desde o princípio, os que querem pertencer à "comunidade dos salvos" se integram na salvação de Jesus Cristo, através do Batismo, dado com sua autoridade para o perdão dos pecados, recebendo assim o Espírito Santo.

No livro dos Atos dos Apóstolos, o Batismo aparece como dom que constrói a base da Igreja no mundo (At 1,15.8; 28,1-31).

Tal concepção do Batismo já se encontra presente na comunidade primeira desde Pentecostes (At 2,37-38-41), quando a descida do Espírito dá nascimento à Igreja e os que querem aderir à nova proposta de vida são instados a deixar-se batizar. Posteriormente, em toda atividade apostólica, o Batismo será o sinal que irá inaugurando novas comunidades baseadas na escuta da pregação, na comunhão fraterna, na fração do pão e nas orações (At 2,42ss; 4,4; 8,26-40; 9,18; 10,1-48; 16,14-15. 29-33; 18,8). O Novo Israel, a Igreja, será construído a partir do Batismo, que derrama prodigamente o dom do Espírito Santo e a novidade de Cristo.

As cartas de Paulo, em várias passagens, como, por exemplo, Gl 3–5; Rm 5–8; 1Cor 6,11; 10–12; Cl 2–3; Ef 1–5; Tt 3,3-7, vão demonstrar que ser batizado equivale a reviver sacramentalmente a páscoa de Jesus. O Batismo realiza uma associação ontológica do crente ao Cristo (cf. 1Cor 1,13) em tudo: vida, morte e ressurreição (Rm 6,3-5). Pelo Batismo, o crente é inserido, enxertado no Mistério Pascal. Todos os sinais presentes no Batismo vão apontar para este sentido primordial: o mergulho nas águas (em seu duplo sentido regenerador, purificador e também mortal) e a emersão para uma vida nova, semelhante à de Cristo. O Novo Testamento, portanto, já compreende o Batismo como memorial do acontecimento pascal. E a memória viva da páscoa de Jesus atualizada na recepção do sacrifício implicará, portanto, assumir o Mistério Pascal de Cristo na vida do catecúmeno.[3] Ser batizado, portanto, é pertencer a Cristo e ao corpo de Cristo, que é a Igreja. É ser nova criatura (cf. 1 e 2Cor), cujo paradigma é Cristo e viver em comunhão com o Pai, o Filho e o Espírito Santo.

---

[3] Cf. o que sobre isso comenta a *Lumen Gentium* 8.

Da mesma forma, Paulo ressalta que o Batismo não é um acontecimento isolado: foi preparado pelo AT (1Cor 10,1-5) e se desdobra na Igreja (Cl 2,12; Ef 3,10) à espera da parusia final (1Ts 5,1-11). Todo aquele ou aquela que é batizado, portanto, não está mais sozinho, pois está enxertado pelo sacramento que recebeu em um grande movimento e tradição. O Batismo pertence, pois, ao desenvolvimento da economia global da salvação.

Os quatro primeiros capítulos da primeira epístola de Pedro parecem um eco da liturgia pascal e, portanto, batismal e da catequese preparatória e neocatecumenal (1,13-20; 2,1-10; 3,18-22). Vão sublinhar, portanto, a importância desse rito de iniciação para a constituição de toda a comunidade de salvação chamada Igreja, que nasce do evento Jesus Cristo pela força do Espírito e é celebrado com júbilo e seriedade pela comunidade cristã.

Já os escritos joaninos querem mostrar a realização das ações de Deus e de Cristo ao longo de toda a história. Dão especial relevo ao batismo de Jesus no Jordão (cap. 1) e à conversa do Mestre com Nicodemos (cap. 3), que descreve o Batismo como novo nascimento. Os sinais que Jesus realiza durante sua vida vão prefigurar os sacramentos da Igreja.[4] Assim também a Primeira Carta de João vai enfatizar o Batismo como perdão dos pecados, permitindo uma nova vida que brota da água e do sangue, em Cristo e no Espírito (1Jo 3,1-10; 5,6-13).

E o mais tardio livro da Bíblia, o Apocalipse, escrito sob a pressão da terrível perseguição aos cristãos, vai instar a que estes não percam a esperança, relembrando-lhes que, pelo Batismo que receberam, estão para sempre convidados a saciar sua sede

---

[4] Cf. o belo comentário que sobre isso faz Carlo Rocchetta, *Os sacramentos da fé*, São Paulo, Paulinas, 1991, p. 239.

nas fontes das águas que nunca cessarão de jorrar do seio daquele que é o Alfa e o Ômega (Ap 7,17; 21,6; 22,1-17).

Desse percurso sobre os textos neotestamentários, podemos inferir alguns pontos importantes para o tema que nos ocupa neste texto: a centralidade do Batismo para a compreensão da igualdade fundamental de todas as vocações. E também a centralidade do Batismo como condição primeira e momento fontal da santidade cristã.

1. O Batismo é um rito inclusivo. Diferente do rito de iniciação judaico, que passa obrigatoriamente pela anatomia masculina e que só é concedido a judeus, o novo rito cristão vai incluir as mulheres, os gentios de toda sorte, os escravos e os de qualquer condição social, inaugurando uma nova maneira de ser e de viver que não encontra espaço e não deixa lugar para a exclusão de qualquer espécie. É de uma Igreja feita de batizados que Paulo vai poder proferir a libertadora afirmação da Carta aos Gálatas, capítulo 3,28: "Não há judeu nem grego, nem escravo nem livre, nem homem nem mulher, pois todos sois um só em Cristo Jesus". O Batismo vai não só mostrar, mas sinalizar indelevelmente, com a força do sacramento, que em Cristo Jesus todas as diferenças foram abolidas e que as águas batismais lavaram e diluíram todas as fronteiras separatistas, abrindo caminho a uma comunidade universal que não admite discriminações dentro ou fora de seus limites de pertença.

2. O Batismo dá ao ser humano uma nova identidade. Identidade essa marcada toda ela por uma dinâmica pascal. Significa morte ao "velho homem" ou ao Adão antigo, o que significa morte ao pecado e à separação de Deus, e a tudo que constitui o reino das trevas. Morte, portanto, à vida antiga. Por outro lado, esta morte e ruptura radical, implica um estar disposto, como

Cristo, a viver, sofrer e morrer pelo povo. Aí está o sentido da existência não só do leigo, nem só do sacerdote ou do religioso, mas de todo cristão. Primeiramente, uma ruptura radical com o passado e suas velhas alianças, seus secretos compromissos com a iniquidade. Essa ruptura se dá – no dizer de São Paulo, colocando em paralelo o cristão e Jesus Cristo – "por uma morte semelhante à sua... a fim de que, por uma ressurreição também semelhante à sua, possamos não mais servir ao pecado, mas viver para Deus" (Rm 6,5-11). E viver para Deus significa começar a comportar-se no mundo como Jesus se comportou. Existir não mais para si, mas para "fora de si" – para Deus e para os outros (cf. 2Cor 5,15).[5]

Esse novo modo de existir não acontece, no entanto, sem conflitos. Para Jesus, o conflito desembocou na cruz. Para os batizados que seguem a Jesus, isso implicará assumir um destino semelhante ao seu. Implicará, ainda, deixar para trás apoios e seguranças outras para compartilhar com Jesus as situações humanas-limite, que pontilharam seu existir: incompreensão, solidão, sofrimento, fracasso, incerteza, perseguição, tortura, morte. Mas também – e não menos – amizade, amor, comunhão, solidariedade, paz, alegria, ressurreição e exaltação.

O batizado, portanto, "perde" a sua antiga identidade para ganhar uma nova identidade, uma identidade crística, já que o fundo mais profundo dessa nova identidade é a própria pessoa de Jesus Cristo, sua vida, seu agir e sua morte e ressurreição. Uma vida santa e santificada.

3. O Batismo funda um modo específico de ser e construir a Igreja: além e para além de incorporar o ser humano a Cristo, outro efeito fundamental do Batismo é incorporá-lo a uma

---

[5] Cf. sobre isso nossa reflexão: Maria Clara Bingemer, *A identidade crística*, São Paulo, Loyola, 1998.

comunidade eclesial (1Cor 12,13; Gl 3,27). Por isso, além de trazer uma nova identidade – a identidade crística – àquele ou àquela que por ele passa, o Batismo é o sacramento que configura a Igreja. O modelo de Igreja que surge a partir do Batismo é, portanto, o de uma comunidade dos que existem para os outros, dos que assumiram um destino na vida: viver e morrer para os outros.[6] É a comunidade daqueles e daquelas que foram revestidos de Cristo e se comportam na vida como ele se comportou; que assumem em sua vida a vocação e a missão de serem outros Cristos: homens e mulheres para os outros, homens e mulheres conduzidos, guiados e inspirados pelo Espírito Santo de Deus; homens e mulheres libertados para viver a liberdade do amor até as últimas consequências.[7] Santificados para glorificar o Santo.

Não se trata, portanto, de uma Igreja massificada e amorfa, nem muito menos de uma Igreja eivada de divisões de classes. Trata-se, sim, da grande comunidade dos que vivem em suas pessoas e em suas vidas o mistério de Cristo, dos que são batizados, dos que foram mergulhados na morte de Cristo e renasceram para uma vida nova, voltada para fora de si, de serviço e dedicação aos outros e de construção do Reino. Em suma, uma vida santa. A partir daí se organiza a Igreja, que será uma comunidade viva, construída a partir não de cargos previamente estruturados que determinam a importância de cada membro da comunidade dentro do todo.

É nessa encruzilhada resultante de dois mil anos de história que a vida cristã se encontra e, em meio a ela, os cristãos inadequadamente chamados "leigos" que buscam há muito,

---

[6] Cf. José Maria Castillo, *La alternativa cristiana*, Salamanca, Sígueme, 1992, cap. 4 e 5; Ver ainda o que sobre isso diz o mesmo autor, em seu livro *Teologia para comunidades*, Madrid, Paulinas, 1990, cap. 18: "El Bautismo: sufrir y morir por el pueblo".

[7] Cf. sobre isso nossa reflexão, *A identidade* crística, cit.

trabalhosa e pacientemente, o perfil de sua identidade em meio ao povo de Deus. Esse número majoritário de cristãos batizados, que há tantos anos é considerado e tratado como cidadãos de segunda categoria dentro da Igreja, mas que permanecem com grande sede espiritual e imenso desejo de santidade, encontram-se insatisfeitos e perdidos, em busca de um caminho que lhes seja possibilitado a fim de viverem plenamente sua vocação e missão.

Trata-se – para o cristão batizado, qualquer que seja ele – de uma consagração existencial, ou seja, de fazer da própria vida um sacrifício que seja agradável a Deus. Tudo que o leigo é e faz, portanto, é parte dessa sua consagração primordial do Batismo, como membro pleno do povo de Deus. Como santificado pelo Espírito Santo que preside e conduz a Igreja.

O Batismo é, portanto, a consagração cristã por excelência, e todo cristão que passou por suas águas torna-se, então, outro Cristo, ou seja, representante ou vigário de Cristo no mundo. Pela unção do Espírito, é estabelecida dessa forma uma correspondência entre a vida do cristão e a de Cristo.

A vida de Cristo será, então, o exemplo predecessor e gerador de um estilo de vida. E, para o cristão, o que importará somente será receber seu Espírito, segui-lo em sua vida, assumindo seus critérios e atitudes. A consagração batismal instaurará, então, uma correlação entre Cristo e o discípulo, na qual o Espírito é o consagrante e o cristão, o consagrado. E essa consagração deverá fazer do batizado um outro Cristo. Nada menos que isso. Chamados a ser santos somos, portanto, todos os batizados, porque nossa vida e nossa identidade são a mesma do santo por antonomásia, que é Jesus Cristo, o Filho de Deus.

Como acentua o papa, no n. 20 da *Gaudete et Exsultate*, ao falar sobre a missão do cristão no mundo de hoje:

> Esta missão tem o seu sentido pleno em Cristo e só se compreende a partir d'Ele. No fundo, a santidade é viver em união com Ele os mistérios da sua vida; consiste em associar-se duma maneira única e pessoal à morte e ressurreição do Senhor, em morrer e ressuscitar continuamente com Ele. Mas pode também envolver a reprodução na própria existência de diferentes aspectos da vida terrena de Jesus: a vida oculta, a vida comunitária, a proximidade aos últimos, a pobreza e outras manifestações da sua doação por amor. A contemplação destes mistérios, como propunha Santo Inácio de Loyola, leva-nos a encarná-los nas nossas opções e atitudes. Porque "tudo, na vida de Jesus, é sinal do seu mistério", "toda a vida de Cristo é revelação do Pai", "toda a vida de Cristo é mistério de redenção", "toda a vida de Cristo é mistério de recapitulação", e "tudo o que Cristo viveu, ele próprio faz com que o possamos viver nele e ele vivê-lo em nós" (GE 20).

Muito consciente de que escreve para seres humanos finitos e limitados, o papa ressalta que o caminho da santidade é compatível e acontece em meio a finitudes, parcialidades e imperfeições.

> Para identificar qual seja essa palavra que o Senhor quer dizer através dum santo, não convém deter-se nos detalhes, porque nisso também pode haver erros e quedas. Nem tudo o que um santo diz é plenamente fiel ao Evangelho, nem tudo o que faz é autêntico ou perfeito. O que devemos contemplar é o conjunto da sua vida, o seu caminho inteiro de santificação, aquela figura que reflete algo de Jesus Cristo e que sobressai quando se consegue compor o sentido da totalidade da sua pessoa (GE 22).[8]

---

[8] O papa cita, para apoiar esse parágrafo, o célebre texto do teólogo suíço Hans Urs von Balthasar: Teologia y santidad, *Communio* VI/87, p. 486-493.

10. O santo: perito em humanidade

A Exortação de Francisco direciona seu objetivo principal a explicar aos fiéis que a santidade não deve remover os cristãos do mundo e situá-los próximos às coisas celestes, esquecendo ou minimizando as terrestres ou históricas. Na verdade, deseja fazer entender que o cristão não deve ser alguém supraterrestre ou angélico, mas, pelo contrário, ter os pés profundamente fincados no chão da humanidade à qual pertence. Assim como diz explicitamente na Exortação: "A santidade não te torna menos humano, porque é o encontro da tua fragilidade com a força da graça" (GE 34).

Na verdade, afirmando isso, o pontífice resgata algo que foi compreendido desde os inícios do Cristianismo. Basta citar a célebre Carta a Diogneto, documento fundamental da tradição cristã datado do ano 120 d.C.[1]

> Os cristãos, de fato, não se distinguem dos outros homens, nem por sua terra, nem por sua língua ou costumes. Com efeito, não moram em cidades próprias, nem falam língua estranha, nem têm algum modo especial de viver. Sua doutrina não foi inventada por eles, graças ao talento e à

---

[1] A epístola de Mathetes a Diogneto (em grego: Πρὸς Διόγνητον Ἐπιστολή) é uma exortação escrita por um cristão anônimo, por volta do ano 120 d.C., respondendo à indagação de um pagão culto que buscava conhecer melhor a nova religião que revolucionava os valores da época, particularmente os da fraternidade e solidariedade de relacionamento entre os seres humanos, e se espalhava com tanta rapidez pelo Império Romano. Considerada a "joia da literatura cristã primitiva", esta epístola é, provavelmente, o exemplo mais antigo de apologética cristã. Alguns assumem uma data ainda mais antiga e contam-na entre os padres apostólicos. Cf. <https://pt.wikipedia.org/wiki/Ep%C3%ADstola_a_Diogneto>. Acesso: em 22 de janeiro de 2019.

> especulação de homens curiosos, nem professam, como outros, algum ensinamento humano. Pelo contrário, vivendo em casa gregas e bárbaras, conforme a sorte de cada um, e adaptando-se aos costumes do lugar quanto à roupa, ao alimento e ao resto, testemunham um modo de vida admirável e, sem dúvida, paradoxal. Vivem na sua pátria, mas como forasteiros; participam de tudo como cristãos e suportam tudo como estrangeiros. Toda pátria estrangeira é pátria deles, a cada pátria é estrangeira. Casam-se como todos e geram filhos, mas não abandonam os recém-nascidos. Põem a mesa em comum, mas não o leito; estão na carne, mas não vivem segundo a carne; moram na terra, mas têm sua cidadania no céu; obedecem às leis estabelecidas, mas com sua vida ultrapassam as leis; amam a todos e são perseguidos por todos; são desconhecidos e, apesar disso, condenados; são mortos e, deste modo, lhes é dada a vida; são pobres e enriquecem a muitos; carecem de tudo e têm abundância de tudo; são desprezados e, no desprezo, tornam-se glorificados; são amaldiçoados e, depois, proclamados justos; são injuriados, e bendizem; são maltratados, e honram; fazem o bem, e são punidos como malfeitores; são condenados, e se alegram como se recebessem a vida. Pelos judeus são combatidos como estrangeiros, pelos gregos são perseguidos, a aqueles que os odeiam não saberiam dizer o motivo do ódio.[2]

Isso ajuda a situar bem nossa reflexão sobre a exortação do papa. Na verdade, ao longo das páginas do documento, Francisco se empenha em deixar claro que o santo é, antes de mais nada, um ser humano. E sua entrega radical ao seguimento de Jesus Cristo, sob a moção do Espírito Santo, só deve fazê-lo mais humano, ciente de sua finitude e igualmente de sua

---

2 *Carta a Diogneto*, cap V.

capacitação pela graça divina a ir além dos limites aparentes que a humanidade lhe impõe embora vivendo dentro deles. O documento aqui por nós citado – a Carta a Diogneto – encontra uma expressão bela para definir o que devem ser os cristãos em relação ao mundo onde estão situados e no qual devem viver e servir. Chama-os de "a alma do mundo".

> Em poucas palavras, assim como a alma está no corpo, assim estão os cristãos no mundo. A alma está espalhada por todas as partes do corpo, e os cristãos estão em todas as partes do mundo. A alma habita no corpo, mas não procede do corpo; os cristãos habitam no mundo, mas não são do mundo. A alma invisível está contida num corpo visível; os cristãos são vistos no mundo, mas sua religião é invisível. A carne odeia e combate a alma, embora não tenha recebido nenhuma ofensa dela, porque esta a impede de gozar dos prazeres; embora não tenha recebido injustiça dos cristãos, o mundo os odeia, porque estes se opõem aos prazeres. A alma ama a carne e os membros que a odeiam; também os cristãos amam aqueles que os odeiam. A alma está contida no corpo, mas é ela que sustenta o corpo; também os cristãos estão no mundo como numa prisão, mas são eles que sustentam o mundo. A alma imortal habita em uma tenda mortal; também os cristãos habitam como estrangeiros em moradas que se corrompem, esperando a incorruptibilidade nos céus. Maltratada em comidas e bebidas, a alma torna-se melhor; também os cristãos, maltratados, a cada dia mais se multiplicam. Tal é o posto que Deus lhes determinou, e não é lícito dele desertar.[3]

Santidade é, então, na verdade, não recuar a cada dia diante da vocação de ser "alma do mundo", ou seja, recordar ao

[3] Ibid., cap VI.

mundo e à sociedade secularizada que somos corpos animados pelo espírito (nefesh) divino e, portanto, há que cuidar dos corpos como caminho único e adequado para que a "alma", ou seja, a dimensão transcendente e espiritual. Paradoxalmente, é cuidando e erguendo os corpos e reparando naquilo que os aflige que a "alma" refulge, plena, dando toda a sua medida.

Os discursos da modernidade em crise não dão senão exígua conta da realidade nossa de cada dia. São redutores da complexa trama polifônica da vida humana. Alguns se constituem até mesmo em explícitos artífices da tirania do virtual sobre o real.[4] Vivemos a caducidade dos modelos éticos convencionais, impotentes para regular inéditos poderes de intervenção sobre a realidade. Impõe-se um novo marco ético global, enquanto ressurgências fundamentalistas e erupções de violência étnico-religiosa irrompem em todo o planeta e desembocam nos vetores do mercado e da tecnologia.[5]

Vivemos o impiedoso fracasso daquilo que Henrique de Lima Vaz, em rico pleonasmo, designou como "civilização filosófica da modernidade moderna".[6] Nossa época é a cris-

---

4 Esta situação foi antevista por M. Heidegger, ao afirmar que entramos numa era em que "... a cibernética se torna o substituto da filosofia e da poesia". In: *Seminar in Le Thor, in Vier Seminare*, Frankfurt am Main, Vittorio Klostermann,1977, p. 108, citado por Roberto Bartholo dos Santos Jr., *Exemplaridade ética e santidade*, São Paulo, Loyola, 1994, Introdução.

5 Cf. sobre isso Maria Clara Bingemer (org.). *Violência e religião. Judaísmo, Cristianismo, Islamismo. Três religiões em confronto e diálogo*, 2. ed., Rio de Janeiro/São Paulo, PUC-Rio/Loyola, 2001.

6 "... pedindo vênia pelo pleonasmo, propomos designar como 'modernidade moderna' aquela que, do século XIX em diante, passou a ser chamada 'modernidade' *tout court*. Ela inaugura uma nova época na civilização ocidental como 'civilização filosófica', e seus traços fundamentais começam a definir-se a partir do século XVII. (...) A modernidade moderna irá reformular de maneira profunda, e mesmo radical, o modelo das relações até

talização histórica de uma supostamente irrestrita vontade de poder, onde "... todos os meios vão se tornando acessíveis para o uso da liberdade, enquanto, uma a uma, vão se obscurecendo as razões de ser livre".[7] Por isso é preciso perguntar-se qual a visão de ser humano que se tem e que vai influenciar a elaboração de conceitos tão fundamentais quanto "*authos*", "*héterós*", "*nomos*". Pode-se ainda esperar construir um marco ético universal? Nossa convicção é – inspirados pela GE – que as situações humildemente concretas, onde o bem se encarna em pessoas vulneravelmente humanas, frágeis e mortais, são o lugar onde a resposta está sendo dita, muito mais que pelas hipóteses teórico-especulativas.

O Cristianismo propõe como caminho de possibilidade do "eu" a alteridade do outro. Amar o outro como a si mesmo é, desde o AT, o maior mandamento, paralelo ao inefável convite de amar a Deus sobre todas as coisas. No NT, ambas as prescrições são tomadas, segundo Jesus, como síntese feliz da lei e dos profetas. A liberdade humana, vista nessa perspectiva, não é concebida como heteronomia opressiva, no sentido de lei exterior que esmaga e destrói a subjetividade. Ao contrário, é dom gratuito de Deus que sempre de novo coloca o ser humano no percurso em direção ao outro. É isso que o Deus da Revelação sussurra diariamente ao ouvido do justo obediente: "Ouve, Israel...".

E se Paulo afirma que não é a lei que salva, por outro lado, é o mesmo Paulo que insiste na obediência amorosa como lugar

---

então vigentes entre filosofia e religião. Essa reformulação consistirá, em suma, na abolição da estrutura ontoteológica e na sua substituição por uma estrutura que propomos designar como ontoantropológica". H. C. Lima Vaz, Religião e modernidade filosófica, *Síntese*, v. 18, n. 53 (1991), p. 154.

[7] Ver Henrique de Lima Vaz, Ética e civilização, *Síntese*, v. 17, n. 49 (1990), p. 14.

onde se dá a verdadeira liberdade, feita escuta prática da Palavra instituinte, reveladora e fundadora de Deus. A fonte da autonomia humana estaria, portanto, fundada em uma heteronomia, ou seja, no outro que gratuita e continuamente liberta o ser humano, inscrevendo nas tábuas de carne, que são seu corpo, a lei do mandamento novo, a lei do amor (cf. 2Cor 3,3).

Autonomia e heteronomia não são, portanto, dois polos irreconciliáveis. A visão cristã procura integrá-los ao dizer que a liberdade está no interior do humano, como inscrição, interpelação epifânica, manifestativa do rosto que institui para ele a única lei do amor. Para o Cristianismo, o paradigma dessa liberdade humana é o próprio Jesus Cristo. Nele, autonomia e heteronomia se tensionam dialética e fecundamente, pois, em sua encarnação, vida, morte e ressurreição, está a possibilidade real de viver o amor que liberta e faz cumprir toda a lei.

É sobre esse pano de fundo que se pode, aqui e agora, contemplar as histórias de vida dos assim chamados santos. E o fazemos a partir de três pontos de apoio. O primeiro é que essa contemplação não é um exercício de abstração generalista, mas sim um olhar sobre uma presença concreta. Não há santos em abstrato, mas apenas santos concretos. O segundo é que não é a determinação conceitual que nos torna mais próximos de um santo. O terceiro é que o reconhecimento da santidade pressupõe a relação dialógica[8] com sua presença. Trata-se de algo que exige, em certa medida, participação em sua forma de vida.

A presença de um santo ultrapassa nossa estatura. Algo de maior se levanta, surpreende e atrai. A percepção cristã da santidade vê nos santos misteriosas e heterogêneas formas de realização do mesmo amor divino. Os santos cristãos são

---

[8] Para um aprofundamento, ver Martin Buber, *Do diálogo e do dialógico*, São Paulo, Perspectiva, 1982.

personagens de limiar, de fronteira, ou seja, pessoas de nossa humana estatura que, por sua vez, indicam o Outro que as supera sempre: Jesus Cristo. Graças a isso, os santos re-inventam a cada momento a humanidade, tornando-a mais penetrada do divino. E o caminho para isso é, paradoxalmente, ser sempre mais humanos. São eles e elas inventores de um novo alfabeto que invade a linguagem humana, com ela comungando e a ela reinventando.

As religiões monoteístas do tronco abraâmico (Judaísmo, Cristianismo, Islã) têm, no encontro humano com o Deus único, o fundamento da normatividade universal de seu *ethos*.[9] Entre elas, o Cristianismo afirma ser o encontro com o Deus de Jesus Cristo a experiência de um sentido radical do existir, uma teonomia fundante da liberdade e responsabilidade *pessoais*, um enraizamento experiencial da pessoa no Incondicionado que lhe assegura, a um só tempo, a liberdade e o limite.[10]

Um termo grego designará o fundamento do *ethos* do Cristianismo nascente: *agapé*, usualmente traduzida por amor. Na *agapé* neotestamentária se destacam a generosidade desinteressada e oblativa – sem outro interesse ou possibilidade de gozo e satisfação que não seja seu próprio exercício – e a disponibilidade para uma saída de si em direção ao outro. A alteridade é o ponto de partida dessa doação de si, que tem sua raiz num Deus doador que é o próprio dom. Tal como expressa, com ofuscante clareza, a Primeira Carta de João: "... quem não ama, não descobriu Deus, porque Deus é amor" (1Jo 4,8).

---

[9] Ver Hans Küng, *Proyecto de una ética mundial*, Madrid, Trotta, 1992, p. 75.

[10] Ver Gustave Mathon, Sainteté, *Catholicisme hier, aujourd'hui et demain* 61 (1992), p. 704. Ver também Alain Festugière, *La Sainteté*, Paris, PUF, 1949, obra estruturada em torno da comparação entre o herói grego e o santo cristão.

Um primeiro elemento característico desse amor é a *universalidade*,[11] que em seu exercício efetivo veta qualquer acepção de pessoas. Deste amor não pode estar excluído ninguém, nem mesmo os inimigos e criminosos. Todos são chamados a encontrar a cidadania do arrependimento e da reconciliação no amor incondicionado e no perdão sem reservas: o Crucificado Ressuscitado. Rezar pelos inimigos, aos agressores oferecer a outra face, eis a desconcertante proposta que o Deus de Jesus Cristo faz àqueles que se deixam seduzir por seu estilo de amar.

Um segundo elemento é a *parcialidade*. O Deus/*agapé* veio ao mundo não para salvar "justos", e sim "pecadores", comprometendo-se em primeira linha com o destino dos fracos, doentes, pobres, marginalizados, excluídos. Experienciar na carne a alteridade diminuída dos sofredores é um misterioso processo de substituição[12] – que a fé e o paradigma crístico revelam –, enraizado na potência libertadora do amor/*agapé*.

Outro elemento é a *ruptura* de todos os limites apenas humanos. Encarnado no criatural, o amor/*agapé* explode sempre, em dor e júbilo, os limites dessa provisória morada. Vencer o mal com o bem (Rm 12,21) é não se furtar a assumir em si toda a vulnerabilidade e mortalidade da condição humana até às últimas consequências, é fincar a cruz no fundamento do *ethos*.

O que o Cristianismo propõe, portanto, a seus seguidores, tem na cruz referência obrigatória. Viver o *ethos* cristão é viver no epicentro de uma situação conflitiva: a fissão do humano,

---

[11] Ver José Caffarena, *Aportación cristiana a un nuevo humanismo?* In: F. J. Mugueria F. Quesada; R. R. Aramayo (org.). *Ética dia tras dia*, Madrid, Trotta, 1991, p. 188.

[12] Para um aprofundamento da questão da substituição, ver Emanuel, *Autrement qu'être ou au-delà de l'essence*, Haye, Martinus Nijhoff, 1974, capítulo IV: La substitution.

levando sua abertura para o divino a uma entrega total. Nessa fissão o Deus-*agapé* teve a primeira palavra: a louca aventura amorosa da Encarnação. E, diante da vertigem dessa absurda desproporção entre nossa estatura e o desafio a ela posto, ajudam-nos as vidas exemplares de homens e mulheres de Deus, seus santos, onde o extraordinário se tece com os fios da fragilidade e vulnerabilidade inerentes à condição humana.

A subjetividade alterada dos santos é surda aos critérios pragmáticos das causalidades eficientes do agir e aos cálculos utilitaristas. Seu conhecimento é subvertido pela entrega amorosa a esse Outro, por cujas mãos se deixam obedientemente levar. Seus frutos nascem em misteriosa imprevisibilidade e são saboreados em comunhão com o desejo e a vontade do Outro, que é o Senhor de suas vidas.

A santidade independe, igualmente, do reconhecimento social. Ela se situa e remete a um horizonte mais amplo que o do exercício humano de virtudes éticas: o Mistério de Deus, vivido "... com uma exclusividade que é como um incêndio que a tudo consome". Os santos, mesmo falando das coisas dos homens e suas trivialidades cotidianas, nos falam sempre das "coisas de Deus", aquelas que não temos que primeiro conhecer para depois amar, mas sim amá-las para conhecê-las.

Há tempos em que discursos e escritos não bastam mais para fazer compreensível a verdade necessária. Nesses tempos, os feitos e as penas dos santos devem criar um novo alfabeto, para desvelar novamente o segredo da verdade. O nosso presente é um desses tempos em que reconhecer o valor próprio do profano não implica sucumbir perante a lógica do secularismo e renunciar a ser "... figura de uma lógica da gratuidade"[13]

---

[13] Ver Paul Valadier, *Catolicismo e sociedade moderna*, São Paulo, Loyola, 1991, p. 87.

que exige a aceitação sem reservas de todos os riscos. É precisamente isso que fazem os santos, presentes nesse mundo como sinais "... d'Aquele que não se deixa manipular, nem apropriar, nem trocar pelo que quer que seja".[14]

Foi assim desde sempre na história do Cristianismo, que pode ser lida não apenas como história do pecado, mas também como história da santidade – reconhecida ou não oficialmente. Dentro dessa história da santidade, o papa reconhece que pode haver vários riscos e perigos que comprometem e tentam a fidelidade do santo a Deus e a sua vocação. Menciona concretamente dois que, embora diferentes, são igualmente sérios. Embora ambos não devam fazer-nos ter medo de lançar-mo-nos no caminho da santidade, importa estar atentos para reconhecê-los e poder superá-los.

---

[14] Ibid., p. 120.

11. As duas tentações permanentes da santidade

A primeira tentação é o gnosticismo, assim descrito por Francisco: o gnosticismo supõe

> uma fé fechada no subjetivismo, onde apenas interessa uma determinada experiência ou uma série de raciocínios e conhecimentos que supostamente confortam e iluminam, mas, em última instância, a pessoa fica enclausurada na imanência da sua própria razão ou dos seus sentimentos (GE 36).

Já presente nos primeiros séculos do Cristianismo, o gnosticismo vem da palavra grega "gnosis", que quer dizer conhecimento. O conhecimento é algo positivo e que jamais foi minimizado pelo Cristianismo. Não assim quando é algo que resulta de uma supervalorização seja de determinada experiência, seja de uma série de teorias elaboradas que desviam o olhar de Deus e da comunidade. Em ambos os casos, o gnosticismo isola e distancia daquilo que é fundamental: Deus e o próximo, que constituem os dois eixos maiores da vida cristã e, portanto, da santidade cristã.

O risco maior do gnosticismo é – como ressalta Francisco – a tentação de medir uma maior ou menor elevação espiritual e avanço no caminho da fé pela quantidade de dados e conhecimentos que se consegue acumular. Os gnósticos de ontem e de hoje pecaram sempre por esta tentação. Segundo a GE, "julgam o outro segundo conseguem, ou não, compreender a profundidade de certas doutrinas" (37).

Qual o perigo mortal que se esconde atrás dessa posição e dessa perspectiva de concepção da vida? O afastamento da Encarnação, que está no centro do Cristianismo. Os gnósticos, segundo o papa: "... Concebem uma mente sem encarnação, incapaz de tocar a carne sofredora de Cristo nos outros, engessada numa enciclopédia de abstrações. Ao desencarnar o mistério, em última análise preferem "um Deus sem Cristo, um Cristo sem Igreja, uma Igreja sem povo"" (GE 37).

O gnosticismo, assim entendido e praticado, levantou críticas de muitos mestres cristãos desde muito cedo. Basta, por exemplo, ler a Primeira Carta de João, documento do final do século I, que diz: "Nisto se reconhece o Espírito de Deus: todo espírito que proclama que Jesus Cristo se encarnou é de Deus; todo espírito que não proclama Jesus, esse não é de Deus, mas é o espírito do Anticristo de cuja vinda tendes ouvido, e já está agora no mundo" (1Jo 4,2-3). A Encarnação é, portanto, a pedra de toque pela qual se pode e deve reconhecer se quem move e ensina é o Espírito de Deus ou o Espírito do anticristo, que afasta de Deus e conduz ao caminho da soberba, do desprezo dos outros e das ilusões que fazem voltar as costas à história e à realidade, refugiando-se em hipotéticas teorias abstratas que não levam a lugar nenhum e nada constroem.

Francisco claramente define este modo de pensar e agir como "uma vaidosa superficialidade: muito movimento à superfície da mente, mas não se move nem se comove a profundidade do pensamento" (GE 35). Tanto mais perigosa o é quanto mais seduz e engana aqueles de cujas cabeças e corações se apodera.

Mas existe igualmente uma outra face do gnosticismo sobre a qual a exortação papal não se debruça tanto, mas que deixa implícita. Por isso, detemo-nos sobre ela, por julgar que, na medida em que cresce exponencialmente hoje em dia, pode ser ainda mais perigosa que a primeira. Trata-se do fenômeno, constatável em nossa Igreja, da volta triunfante do espiritualismo.

O espiritualismo é uma malformação da espiritualidade que o torna incapaz de qualquer relação com a vida de fé e mesmo com a inteligência da fé que é a teologia. Multifacetado, na entranha de todo espiritualismo há uma aversão pela condição humana; um desespero que o impele a desertar a realidade do mundo (e a não muito longo prazo a realidade da Igreja) almejando uma outra condição. Mas esse anseio escatológico não nasce da misericórdia, nasce da rejeição. Esse é o motivo pelo qual o espiritualismo, que deve ser contraposto à espiritualidade – e, portanto, incompatível com a santidade –, não pode nem quer articular-se honestamente com nenhuma teologia cristã viva ou com nenhuma forma de vida que reivindique para si mesma o nome de cristã. Mesmo que utilize estrategicamente a máscara da ortodoxia, na verdade esse espiritualismo é por essência gnóstico. Avesso à "filantropia" do Criador que se manifesta no fato de, na Encarnação do Filho, assumir a criatura com a qual se autocomunica pelo dom do Espírito. A inarticulação teológica revela, assim, a alergia que o espiritualismo tem à mistagogia cristã tal como ela é recebida da tradição e a consequente necessidade de inventar supostos "revivals" litúrgicos efervescentes onde a *lex orandi* não pode encontrar mais a *lex credendi*.

A necessidade de evasão pela qual o espiritualismo anseia faz com que ele procure uma saída, não a páscoa do próprio amor, querer e interesse, mas uma saída de qualquer situação de compromisso com o outro humano. É nessa fuga do amor e nesse desabamento em si mesmo que o espiritualismo mostra a diferença radical com a experiência da vida no Espírito. Vida no Espírito que é vivência de amor e expressão do amor; vida no Espírito que é, ao mesmo tempo, experiência espiritual e ética.[1]

A segunda tentação sobre a qual a GE adverte aqueles que desejam progredir na vida cristã e, portanto, na santidade, é a do pelagianismo. Segundo o papa, este decorre de uma tentativa mal compreendida e distorcida de superação do gnosticismo.

> Com o passar do tempo, muitos começaram a reconhecer que não é o conhecimento que nos torna melhores ou santos, mas a vida que levamos. O problema é que isto foi sutilmente degenerando, de modo que o mesmo erro dos gnósticos foi simplesmente transformado, mas não superado (GE 47).

Observa Francisco, com muita pertinência, que

> o poder que os gnósticos atribuíam à inteligência, alguns começaram a atribuí-lo à vontade humana, ao esforço pessoal. Surgiram, assim, os pelagianos e os semipelagianos. Já não era a inteligência que ocupava o lugar do mistério e da graça, mas a vontade. Esquecia-se de que "isto não depende daquele que quer nem daquele que se esforça por alcançá-lo, mas de Deus que é misericordioso" (Rm 9,16) e que "nos amou primeiro" (1Jo 4,19) (GE 48).

Francisco aponta aí o risco enorme para a vida cristã de um voluntarismo não ungido e flexibilizado pela rainha das

---

[1] Cf. sobre isso o belo texto de Ulpiano Vázquez Moro, Padecer e saber, *Perspectiva Teológica*, v. 48, n. 1 (2016): suplemento.

virtudes: a humildade. A humildade é uma virtude incontestável, muitas vezes mal interpretada e desvalorizada. No entanto, faz-se sempre mais necessária. O Cristianismo fez dela uma das mais importantes virtudes, condição mesma para viver sua proposta. Pois, para reconhecer a majestade e a infinitude de Deus e reconhecer-se criatura finita, pobre e limitada, é preciso ser humilde, ou seja, ter noção exata da própria envergadura e dos próprios condicionamentos.

Por isso, a humildade é o antídoto a toda e qualquer soberba voluntarista e rigidez fanática de quem "no fundo, só confia nas suas próprias forças e sente-se superior aos outros por cumprir determinadas normas ou por ser irredutivelmente fiel a um certo estilo católico".[2] Aliás, os voluntaristas e fanáticos costumam ser especialmente duros e até mesmo cruéis com aqueles cristãos mais sensíveis, frágeis e ingênuos. Enganam-nos dizendo-lhes que se pode tudo com a vontade humana, como se esta fosse algo puro, perfeito, onipotente, a que se acrescenta a graça. E assim fazendo, acabam empurrando-os para uma frustração eivada de rigidez e fanatismos que os fará cair nas mãos de líderes religiosos e gurus inescrupulosos que poderão levá-los a caminhos indesejados e até a sérios distúrbios psíquicos. Na verdade, ao afirmar aos que estão sob sua influência que tudo se pode com a graça de Deus, estão na verdade dizendo-lhes que tudo conseguirão com seu esforço para fazer Deus vir ao encontro das suas vontades.[3]

A verdadeira atitude, segundo Francisco, é a que ensina Santo Agostinho, convidando a fazer o que pode e "a pedir o

---

[2] GE 49, onde o papa cita a si mesmo na nota 46. Francisco, Exortação apostólica *Evangelii Gaudium* (24 de novembro de 2013), 94: *AAS* 105 (2013), 1059.

[3] Ibid.

que não podes"; ou então a dizer humildemente ao Senhor: "dai-me o que me ordenais e ordenai-me o que quiserdes".[4] E, com profunda sabedoria, explica que o fato de a graça supor a natureza humana não nos transforma improvisadamente em super-homens. Acreditar nisso pode levar-nos, na verdade, a confiar muito em nós mesmos e em nossas limitadas possibilidades e muito pouco em Deus. Assim, ainda que afirmemos com vigor e insistência o poder da graça de Deus, na verdade não reconhecemos que esta mesma graça se dá na história, pequena e humildemente, com passos reais e possíveis que o Senhor nos pede a cada momento e em cada situação.

Se o Senhor nos atrai poderosamente com seu amor feito dom, vai transformar-nos progressiva e paulatinamente, de forma progressiva e com infinita paciência. Com extraordinária e fina sensibilidade espiritual e pastoral, Francisco alerta para o perigo de recusarmos essa modalidade histórica e progressiva da ação transformadora da graça.[5] Esquecer-se de que Deus não se rende a nossas impaciências frenética e orgulhosas e se dá em nossa pobreza cheia de consentimento e abertura, é um caminho curto e certo para a negação ou o bloqueio da vida em graça. A espiritualidade que daí resulte será de fato rígida e avessa à ação da graça, mesmo que esta seja exaltada por meio das palavras (cf. GE 50).

---

[4] O papa cita o santo nas notas 49 e 50 dos n. 49 e 50 da GE: *De natura et gratia*, XLIII, 50: PL 44, 271.; id., Confissões, X, 29, 40: PL 32, 796.

[5] Toda a história das grandes conversões de Abraão a Paulo, dos monges do deserto aos contemplativos de hoje, como Thomas Merton, dá testemunho dessa atuação da graça que vai ungindo e flexibilizando aqueles e aquelas que se abrem ao infinito amor de Deus, reconhecendo seus próprios pecados e limites.

Depois de um percurso elucidador pela história da Igreja, exemplificando o que disse nos parágrafos iniciais desta seção sobre o pelagianismo, Francisco comenta sobre os que chama de neopelagianos, que seriam cristãos "que insistem em seguir outro caminho: o da justificação pelas suas próprias forças, o da adoração da vontade humana e da própria capacidade, que se traduz numa autocomplacência egocêntrica e elitista, desprovida do verdadeiro amor" (GE 57).

Pedagogicamente são indicadas as atitudes que revelam esse neopelagianismo. O papa adverte que estas – surpreendentemente – parecem ser diferentes entre si, mas convergem para o mesmo resultado. Menciona explicitamente: "a obsessão pela lei, o fascínio de exibir conquistas sociais e políticas, a ostentação no cuidado da liturgia, da doutrina e do prestígio da Igreja, a vanglória ligada à gestão de assuntos práticos, a atração pelas dinâmicas de autoajuda e realização autorreferencial" (GE 57).

E o pontífice deplora: "... é nisto que alguns cristãos gastam as suas energias e o seu tempo, em vez de se deixarem guiar pelo Espírito no caminho do amor, apaixonarem-se por comunicar a beleza e a alegria do Evangelho e procurarem os afastados nessas imensas multidões sedentas de Cristo" (GE 57).

Existe uma faceta desse neopelagianismo sobre a qual nos deteremos mais longamente por parecer especialmente importante para nós, cristãos, que vivemos ao Sul do mundo, na América Latina, cuja Igreja e teologia foram referência para o mundo inteiro, na medida em que trouxeram uma nova perspectiva e um novo olhar para ver e interpretar a vida cristã e o seguimento de Jesus Cristo e seu Evangelho. Ela se enquadra naquilo que Francisco chama, no n. 57 da

Exortação que ora examinamos, "o fascínio de exibir conquistas sociais e políticas". Essa faceta tentadora e perigosa para a santidade cristã desenvolveu-se a partir de pistas e provocações que no fundo e na intenção inicial poderiam ser muito positivas.

Na Igreja – e mesmo fora dela –, em uma justa reação contra o subjetivismo e o intimismo que aconteceu sobretudo após o Concílio Vaticano II –, começou-se a dar muita ênfase à ação, ao agir, ao empenho pessoal na gestão dos recursos e consequente transformação da realidade. Essa ênfase resultou em testemunhos e exemplos magníficos de denúncia profética, clarividência teológica e criatividade para a invenção de um novo modelo de Igreja e, portanto, de santidade. Porém, tal postura, em alguns casos, degenerou em formas de pelagianismo que podem ser nomeadas de diferentes maneiras: ativismo, militância e excessiva politização da fé.

A intuição que moveu a isso – como dissemos – foi positiva. Na América Latina, em Medellín, na Segunda Conferência do Episcopado Latino-Americano, em 1968, os bispos declaravam com profético ardor:

> Não basta, certamente, refletir, conseguir mais clarividência e falar. É necessário agir. A hora atual não deixou de ser a hora da "palavra", mas já se tornou, com dramática urgência, a hora da ação. Chegou o momento de inventar com imaginação criadora a ação que cabe realizar e que, principalmente, terá que ser levada a cabo com a audácia do Espírito e o equilíbrio de Deus.[6]

E embora Medellín tenha descortinado uma nova etapa, luminosa e definitiva, na caminhada da Igreja latino-americana

---

[6] Documento de conclusões da Conferência de Medellín, Introdução.

e também universal, voltada para uma ativa transformação da realidade injusta e opressora, o risco do pelagianismo não se fez esperar.[7]

Na Conferência de Medellín, em 1968, em que bispos latino-americanos se reuniram para refletir sobre a implementação do Concílio Vaticano II em seu continente, a Igreja concebeu um plano de ação em três pontos. O primeiro era uma nova série de prioridades, unindo inseparavelmente a fé e a justiça. Isso foi acompanhado, como segundo ponto, por um novo modo de se fazer teologia baseado na metodologia do ver-julgar-agir. E, quanto ao terceiro, esperava-se surgir um novo modelo de Igreja, começando com as comunidades locais nas bases e áreas pobres se reunindo ao redor das Escrituras e aprendendo a se expressar. Todo esse novo modelo estava voltado à leitura "popular" da Bíblia[8] e marcado pelo desejo de ser a Igreja dos pobres. As comunidades que resultaram dessa renovação ficaram conhecidas como comunidades eclesiais de base.[9] Esses pontos foram confirmados no encontro subsequente dos bispos latino-americanos em Puebla, México, em 1979, incluindo (1) a opção preferencial pelos pobres; (2) uma Teologia da Libertação; e (3) as Comunidades Eclesiais de Base como um novo modo de ser Igreja.[10]

---

[7] Cf. sobre isso meu livro *Teologia latino-americana: raízes e ramos*, Petrópolis, Vozes, 2017.

[8] A leitura popular da Bíblia foi concebida pelo carmelita Carlos Mesters e consiste em três passos: análise da realidade (fatos da vida), iluminação do Evangelho (análise do texto bíblico) e ação transformadora. Cf. o livro de sua autoria *Por trás das palavras*, Petrópolis, Vozes, 1974, entre muitos outros.

[9] Cf. *Conclusiones de la Segunda Conferencia General del Episcopado Latinoamericano*. Disponível em: <http://www.celam.org>.

[10] Documento de conclusões de Puebla. Disponível em: <www.celam.org>.

Essa mudança na Igreja latino-americana teve o apoio de várias figuras proeminentes da Igreja. Assim também outros homens e mulheres religiosos, bispos, padres diocesanos e leigos fizeram mudanças profundas em suas vidas e em seu trabalho pastoral para dedicar toda a sua energia apostólica à libertação e ao desenvolvimento do povo pobre do continente. Era possível observar na Igreja latino-americana, nesse período pós-conciliar, um compromisso crescente a favor dos pobres e oprimidos. A vida espiritual gerada por esse compromisso era ardente e impressionante.

Além disso, muitos queriam compartilhar com o pobre, pelo menos em certa medida, os efeitos da injustiça e opressão, e fazer mudanças profundas e radicais em suas próprias vidas para isso.

A teologia que sustentava esse momento eclesial – denominada Teologia da Libertação –, ao mesmo tempo que se autocompreendia como uma reflexão crítica sobre a práxis, não encontrava sua origem simplesmente em uma análise crítica da realidade. Antes sua origem se encontrava em uma experiência mística, em um encontro profundo com o Senhor, na face daquele que é pobre e carece do necessário para viver.

Muitos cristãos se comprometeram com essas aspirações. Dentre eles, muitos religiosos começaram a criar comunidades de "inserção" entre os pobres. Outros se comprometeram a fazer um novo tipo de teologia pastoral, que colocava o pobre no centro. Ainda outros aplicaram essa opção e teologia nas instituições em que trabalhavam, especialmente escolas e universidades. Nos anos 1970 respirava-se esse clima espiritual e teológico ao longo de todo o continente.

As Comunidades Eclesiais de Base (CEBs) se espalharam por todo o continente, especialmente no Brasil. Estima-se que nos anos de 1980 seu número chegou a aproximadamente oitenta mil; a razão era por serem mais simples e horizontais no modo de ser Igreja, baseado na leitura da Bíblia em confronto com a realidade social para produzir ações transformadoras em benefício dos pobres. Eles se compreendiam como o povo de Deus, modelo da Igreja proposta pela *Lumen Gentium*, a constituição dogmática do Concílio Vaticano II sobre a Igreja. Em grande parte dos países como o Brasil, sem clero suficiente para atender a todas as paróquias católicas, essas comunidades eram uma fonte de esperança, oferecendo um meio de cultivar a fé e conectá-la com o cotidiano do povo. Normalmente, eram lideradas por religiosas ou leigos – na maioria mulheres. Reuniam-se em grandes encontros a cada dois anos, quando se juntavam a bispos, para rezar, refletir e celebrar juntos.

No entanto, no final dos anos 1970, início dos anos 1980, com o novo pontificado de João Paulo II, todo esse movimento viveu momentos extremamente negativos. O Vaticano – agora governado por um papa polonês – temia que a mediação socioanalítica promovesse a luta de classes e adotasse o materialismo dialético marxista como uma perspectiva privilegiada para ler e interpretar a história.

João Paulo II, comprometido em acabar com o comunismo na Europa Oriental, não admitia nem entendia como padres, bispos, freiras e até leigos podiam usar uma teologia que se utilizava de categorias marxistas de análise e apoiar aberta e publicamente sistemas políticos como o de Cuba ou a Revolução Sandinista na Nicarágua.

O que Roma tinha dificuldades para entender era que a Teologia da Libertação tencionava construir um novo modo de fazer teologia, mas jamais quereria fazê-la fora da Igreja. Era uma proposta acadêmica, mas também pastoral. Seu objetivo era acontecer dentro da Igreja, estar a serviço dos pobres, para ajudá-los a superarem sua pobreza e opressão. Os teólogos mais proeminentes, que estudaram no exterior por vários anos, repensaram tópicos teológicos a partir da perspectiva dos pobres, alcançaram diplomas e escreveram livros e artigos. Muitos foram punidos e impedidos de ensinar e publicar seus trabalhos. Contudo, nenhum deles queria sair da Igreja. Não havia intenção alguma de formar uma Igreja paralela, ou uma "Igreja popular", como o Vaticano suspeitava.

Em 1989, a crise mundial, culminando com a queda do Muro de Berlim e dos Estados socialistas na Europa Oriental, teve repercussões profundas em toda a teologia latino-americana. Muitos dos líderes leigos que haviam surgido das comunidades de base e que tinham um forte compromisso com a luta social e política, baseado em sua fé cristã, passaram por uma profunda crise. Alguns perderam sua esperança e deixaram a Igreja, assim como seus compromissos religiosos.

Essa crise obrigou a Igreja latino-americana e a Teologia da Libertação a fazerem uma séria e profunda autocrítica e a constatarem que, apesar da grande positividade de sua proposta e do maravilhoso movimento espiritual que suscitara em todo o continente, não haviam permanecido imunes à tentação que o papa denominou neopelagianismo social. Pois a militância que, diante de obstáculos e desilusões, se afasta da comunidade, da liturgia e da espiritualidade que foram seu nascedouro e sua inspiração original, demonstra que perdeu sua conexão mística e sua motivação de fé. Ficou reduzida a um ativismo febricitante, que pode ter seu mérito, mas que não pode reivindicar para si mesma o qualificativo de cristã.

No entanto, apesar de haver sido golpeada por esse risco, a verdade é que a Teologia da Libertação selou para sempre o caminho da santidade cristã com o compromisso solidário com a justiça e os pobres. E desenhou no horizonte cristão o perfil de uma santidade encarnada que provoca impacto sobre a realidade, criando fatos não apenas eclesiais, mas também políticos.

12. Santidade: o desafio da alteridade e da solidariedade

Os santos têm em comum a experiência de que todas as graças e conhecimentos a eles dados por Deus os direcionam misericordiosamente para o sofrimento humano. Cada santo ou santa não quer estar separado das dores e dos sofrimentos de seus contemporâneos, mas entrar em profunda solidariedade e comunhão com eles.[1] Todas as correntes contemplativas da história da humanidade, todas as escolas de meditação e contemplação, são escolas onde se vive o aprendizado de ver e escutar; mais ainda, de afinar a visão e a escuta para poder captar o real em toda a sua amplitude e profundidade.

Esse escutar e ver é não apenas relativo à própria interioridade, aos próprios desejos, aos sentimentos espirituais, mas aos clamores da realidade, aos sofrimentos do próximo, à realidade dolorosa do mundo. Ou seja, a experiência mística é algo que, ao contrário de proporcionar fuga do sofrimento e da morte, dos problemas e conflitos, leva a mergulhar dentro deles e abraçá-los compassivamente, com profundo desejo de solidariedade e comunhão.[2] E é aí que a mística se encontra com a prática da caridade e tem como fruto a santidade.

---

[1] Cf. Simone Weil, *Pensées sans ordre concernant l'amour de Dieu,* Paris, Gallimard, 1962 (*PSO*), p. 120: "O santo se distingue pelo fato de não querer estar separado das dores e sofrimentos de seus contemporâneos, mas desejar tomar parte delas plenamente". Ver o comentário sobre isso de E. Gabellieri, *Etre et don. Simone Weil et la philosophie*, Louvain, Peeters, 2003, em especial o cap. VIII: "Décréation et donation".

[2] Cf., sobre isso, José Maria Mardones, *La transformación de la religión*, Madrid, PPC, 2005, p. 210.

A revolução mística - acontecendo no interior, na intimidade do coração humano - não é inimiga do compromisso político, da encarnação na história, como muitas vezes foi acusada de sê-lo. Ao contrário, em muitas partes do mundo se constatou, nas últimas décadas, que muitos dos que se encontravam mergulhados em uma militância que havia perdido a conexão com suas motivações orantes e celebrativas acabavam abandonando igualmente a militância por perder o sentido pelo qual agiam e lutavam.[3] E aqueles que integravam espiritualidade e ação, por sua vez, permaneciam.

A mística, ao contrário das usuais incriminações que a acusam de subjetivismo e intimismo, leva a pessoa a enfrentar-se consigo mesma e com sua tremenda solidão. Ajuda-a a contestar a sociedade consumista e evasiva que se detém em uma configuração vital de espetáculo e superficialidade. Faz com que o ser humano se depare consigo mesmo por inteiro, inclusive com as dimensões mais sombrias de sua personalidade. E o torna consciente de sua capacidade humana para enfrentar essas dimensões e integrá-las.[4]

A autêntica experiência mística é, na verdade, um baluarte e uma garantia diante dos reducionismos antropológicos que proliferam em uma cultura consumista e *light*. Contesta e desmente esses reducionismos e efetua uma real e consistente crítica da sociedade, tal como hoje está concebida e estruturada. Trata-se, na verdade, de uma experiência e uma vivência

---

[3] Ver Paulo Fernando Carneiro de Andrade sobre o tema: "Encantos e desencantos: a militância do cristão em tempos de crise", Rio de Janeiro, Iser Assessoria, 2001; "A crise da modernidade e as possibilidades de uma nova militância cristã", Rio de Janeiro, Iser Assessoria, 2001. Disponível em: <http://www.iserassessoria.org.br/novo/produtos/individuais.php>. Acesso em: 2 mar. 2011.

[4] José Maria Mardones, op. cit., p. 211.

contracultural. O testemunho mais palpável disso é o dado recorrente de que os místicos contemporâneos, longe de serem pessoas alienadas que escapam do mundo e se refugiam em uma estratosfera de gratificações sensíveis e catárticas, são, ao contrário, profundamente comprometidos com as lutas e os problemas de seu tempo. E sentem o apelo a assim proceder a partir da experiência de Deus, que lhes abre a sensibilidade e a faz vulnerável para tal.

A experiência mística, portanto, nos tempos de hoje, pode começar muitas vezes pelos momentos apofáticos de sofrimento e cruz experimentados diante do mal e do sofrimento injusto e inocente e, apenas posteriormente, evoluir para o *sim*, que – segundo Karl Barth no leito de morte, como diz David Tracy – é a palavra final de um cristão para todo grande *não*.[5] O *sim* que os santos contemporâneos dizem a Deus, que os chama e os habita, fazendo-lhes experimentar seu amor, começa para muitos ali onde várias vezes a teodiceia encontrou uma aporia e homens grandes e brilhantes como Albert Camus não encontraram resposta a não ser a indignação e o antiteísmo: no sofrimento do outro, sofrimento inocente e injusto que eles e elas desejam abraçar com paixão e compaixão.

Longe de ser um dolorismo masoquista, esse desejo, que é critério de verificação da autenticidade da mística e da santidade contemporânea, abre as portas desde o fundo da condição humana a um *re*cordar (rememorar no coração) vital, que guarda viva, na interioridade subjetiva e na história objetiva, a memória subversiva de todo o sofrimento de muitas gerações,

---

[5] Cf. David Tracy, Afterword. In: Kessler; Sheppard (eds.), *Mystics – Presence and aporia*, Chicago/Londres, The University of Chicago Press, 2003, p. 243, afirmando que o sofrimento humano é frequentemente o ponto de partida para a consciência mística da presença de Deus e a união com ele.

além de carregar no corpo as marcas desse sofrimento que desejam ajudar a redimir.[6]

E esse sofrimento pode tomar diversas formas: a pobreza, a infelicidade, a perseguição, o extermínio, o desconforto, a doença, a privação de liberdade, a tortura, enfim, qualquer situação humana sombria e dolorosa, carregada de negatividade e peso, que clama por alívio, solidariedade, redenção. O desejo de participação, que resulta em prática compassiva e amorosa, é sinal, dentro do mundo, da cristificação do santo, que vai sendo configurado a Cristo - reconhecido e proclamado no Novo Testamento como o Santo de Deus[7] - na medida em que é trabalhado interiormente pelo mesmo Espírito que o Pai deu ao Filho. No desejo de comungar com a dor do outro, é o próprio Deus que, na pessoa do santo, vai ao encontro da dor humana. Assim fazendo, o santo passa da intimidade amorosa da câmara nupcial à praça pública, onde estão em jogo os destinos humanos e se sofrem as dores e os conflitos de uma humanidade ainda não reconciliada.[8]

---

[6] Ver sobre isso as obras de Johann Baptist Metz, além das que já citamos anteriormente: *A passion for God. The mystical-political dimension of Christianity*, New York, Paulist Press, 1998; *A fé em história e sociedade*, São Paulo, Paulinas, 1980, entre outros. Citamos uma vez mais Simone Weil por nos parecer ser quem melhor expressa o que afirmamos acima: "o santo tende à perfeição menos pela busca de integridade que por amor a Deus (ou ao divino) no ardor de uma fé que leva ao devotamento total e ao esquecimento de si". *La connaissance surnaturelle*, p. 325.

[7] Jo 6,67; Mc 1,23.

[8] Cf. Simone Weil: "Quando autênticos amigos de Deus... repetem as palavras que ouviram no segredo, no silêncio, durante a união de amor, e que elas estão em desacordo com o ensinamento da Igreja, é simplesmente porque a linguagem da praça pública não é a da câmara nupcial", *Attente de Dieu*, edition numérique, Saguenay, 2007, p. 46.

Essa linguagem que diz do desejo de assumir e tomar sobre si a dor do outro; essa práxis amorosa de efetivamente dispor-se a fazê-lo, para a mística cristã, são e serão sempre, em sua essência, transpassadas pela cruz de Jesus Cristo. Ao encarnar-se, Deus sofre uma paixão, uma *kenosis*, um abaixamento, que não se limita apenas ao momento da Encarnação, mas que também tem lugar quando o inefável deve fixar-se por escrito, nascer em uma situação particular, ou expressar-se em palavras, gestos, atitudes e escolhas que vão marcar uma vida e determinar um futuro. O Infinito, então, se faz agente e perceptível através da finitude frágil e limitada de uma pessoa humana que assume traços crísticos em sua vida e sua personalidade.

Se a mística cristã é configurar-se a Cristo, se a santidade cristã não é mais do que um processo crístico, então o critério para verificar a verdade do encontro e da união com Deus se mede pela capacidade de integrar, de assumir a dor deste mundo, a dor daqueles que o Evangelho chama de os "últimos", os pequenos, os perdidos, e que na parábola do Juízo Final são os famintos, sedentos, nus, estrangeiros e prisioneiros. Ou seja, o desejo e a capacidade de construir uma vida humana digna deste nome para toda pessoa que habita esta terra. E o próprio Deus ensina, na intimidade da câmara nupcial e na profanidade da praça pública, que é ele, pessoalmente, que está ali sofrendo fome, sede, nudez e cativeiro. O místico, que anseia pela união com o Deus que o ama e a quem ama, não pode desejar outra coisa senão ser posto na mesma situação que o amado, situação sempre de fragilidade extrema, de vulnerabilidade absoluta, em que Deus revela seu poder a partir da impotência do amor.[9]

[9] Ainda uma vez, é Simone Weil que encontrara as palavras certas para expressar essa experiência tão profunda: "Quando uma mãe, esposa ou noiva,

Aqueles e aquelas que vivem este desejo e o põem em prática podem ser chamados de santos, mesmo que não estejam oficialmente canonizados. Trata-se de pessoas cuja subjetividade está inteiramente possuída pela santidade de Deus e que transbordam isto concretamente em meio a uma realidade atravessada pelo mal e o pecado.

---

sabe que aquele a quem ama é presa da angústia e não pode ajudá-lo nem unir-se a ele, gostaria pelo menos de suportar sofrimentos equivalentes, para ficar menos separada dele, para aliviar o fardo tão pesado da compaixão impotente. Aquele que ama a Cristo e o imagina na cruz deve sentir alívio semelhante, quando é atacado pela desgraça. *Pensées sans ordre concernant l'amour de Dieu*, Paris, Gallimard, 1962, p. 101. (Col. Espoir.)

13. Santidade: o caminho das bem-aventuranças

Após alertar sobre os riscos recorrentes contra a santidade cristã, o papa aponta, igualmente, para pontos positivos concretos que fazem obrigatoriamente parte do caminho de todo aquele ou aquela que deseja crescer no seguimento de Jesus Cristo, movido por seu Espírito Santo.

Por isso, recalca a primazia da caridade, que entre as virtudes teologais é a mais importante, porque leva ao encontro do outro e reafirma o cerne do que significa ser humano. Ser humano é ser em relação, é estar permanentemente aberto ao outro e a sua diferença. Por isso, quem se abre ao amor do outro e o atende em sua necessidade e sofrimento, cumpre toda a lei. A lei não é um código extrínseco a nossas existências de carne e osso. Pelo contrário, ela contém balizas e instrumentos que possam ajudar-nos a ser sempre mais humanos e, portanto, sempre mais abertos e dispostos para receber o amor do verdadeiro Deus como dom e graça que move ao amor efetivo e transformador.

Francisco chama a atenção para o fato de que a lei deve ser uma pedagoga de liberdade e libertação, mas que também se pode transformar em um jugo e uma canga. E isso é uma das características mais libertadoras do ministério de Jesus de Nazaré: libertar o ser humano do jugo da lei mal compreendida. Abrir uma brecha na selva de preceitos e prescrições que permita vislumbrar dois rostos: o do Pai e o do irmão.

> Não nos dá mais duas fórmulas ou dois preceitos; entrega-nos dois rostos, ou melhor, um só: o de Deus que se

> reflete em muitos, porque em cada irmão, especialmente no mais pequeno, frágil, inerme e necessitado, está presente a própria imagem de Deus. De fato, será com os descartados desta humanidade vulnerável que, no fim dos tempos, o Senhor plasmará a sua última obra de arte. Pois, "o que é que resta? O que é que tem valor na vida? Quais são as riquezas que não desaparecem? Seguramente duas: o Senhor e o próximo. Estas duas riquezas não desaparecem".[1]

O pontífice encontra, então, no Sermão da Montanha e especialmente nas Bem-aventuranças a carta magna da santidade cristã. Afirma que "Jesus explicou, com toda a simplicidade, o que é ser santo; fê-lo quando nos deixou as bem-aventuranças (cf. Mt 5,3-12; Lc 6,20-23). Estas são como que a carteira de identidade do cristão" (GE 63).

Nesses oito parágrafos refulge o rosto do próprio Mestre, que é o Santo de Deus por excelência e que, mais que qualquer outra pessoa, mostrou ao mundo em que consiste a santidade cristã. Os descritos e apresentados como reflexos da santidade do Senhor Jesus são chamados de felizes. Esse é o significado de bem-aventurança: felicidade verdadeira. "A palavra 'feliz' ou 'bem-aventurado' torna-se sinônimo de 'santo', porque expressa que a pessoa fiel a Deus e que vive a sua Palavra alcança, na doação de si mesma, a verdadeira felicidade" (GE 64).

Em nossa época e sociedade, onde a felicidade se tornou uma busca frenética e intensa, banalizada em horizontes curtos em um universo onde os meios são cada vez mais abundantes e sofisticados, as bem-aventuranças oferecem um perfil

---

[1] GE 61, nota 65: Francisco, Homilia da Santa Missa por ocasião do Jubileu das Pessoas Socialmente Excluídas (13 de novembro de 2016): *L'Osservatore Romano* (ed. portuguesa de 17/11/2016), 5.

totalmente contra a corrente. Enquanto os valores que o mundo afirma que produzem felicidade e exaltam a humanidade dirigem essa mesma humanidade ao consumo, à violência, à erotização sem controle e às guerras, as bem-aventuranças vão no sentido contrário de tudo isso.

Examinemos o que o papa comenta de cada uma delas:

Felizes os pobres: todo ser humano deseja a segurança e uma vida em que possa dispor de meios que lhe permitam viver decente e dignamente. O mundo faz acreditar que o dinheiro, os bens materiais, são os que trazem essa segurança. Ora, o Evangelho vai exatamente na direção contrária a essa concepção. As riquezas não trazem nenhuma segurança. "Normalmente, o rico sente-se seguro com as suas riquezas e, quando estas estão em risco, pensa que se desmorona todo o sentido da sua vida na terra. As riquezas não te dão segurança alguma. Mais ainda: quando o coração se sente rico, fica tão satisfeito de si mesmo que não tem espaço para a Palavra de Deus, para amar os irmãos, nem para gozar das coisas mais importantes da vida. Deste modo priva-se dos bens maiores" (GE 67-68).

Os pobres são felizes porque são livres. Seu coração não está congestionado pelo acúmulo de bens e pode abrir-se ao Senhor, que nele entrará com sua verdadeira e "incessante" novidade (cf. GE 67-68).

O Papa Francisco chama a atenção para a diferença entre o texto das bem-aventuranças de Mateus e Lucas: enquanto o primeiro fala de pobreza em espírito, o segundo fala simplesmente de pobres. Aí estão presentes, então, as duas dimensões da pobreza, que a fazem total, de corpo e espírito, e a revelam como elemento constitutivo e indispensável da santidade. E ele dá um exemplo de concepção de santidade oriunda dos

Exercícios de Santo Inácio: a indiferença que me faz não me perturbar por nada que aconteça, já que minha segurança está em Deus.[2]

Felizes os mansos: em um mundo onde a competição e o litígio ocupam a frente da cena, o apelo à mansidão é um desafio ousado. Diz o Papa Francisco: "Em suma, é o reino do orgulho e da vaidade, onde cada um se julga no direito de elevar-se acima dos outros. Embora pareça impossível, Jesus propõe outro estilo: a mansidão" (GE 71). Em vez de reagir com aspereza, irritação, devolvendo agressão com agressão, a mansidão dá paz interior e é expressão da pobreza de quem tudo espera e confia em Deus.

A mansidão pode ser interpretada como pusilanimidade ou fraqueza, mas é Paulo mesmo quem diz que, quando se é fraco, então é que se é forte. Os mansos possuirão a terra, sem ter que arrancá-la nem disputá-la com ninguém. Possuirão o dom que o Senhor lhes dará, o qual lhes proporcionará paz e verdadeira alegria.

Felizes os que choram: pode parecer absurdo e sem sentido dizer que é bom chorar. Justamente o que nos é ensinado pela sociedade hoje é que devemos buscar o que distrai, o que faz sorrir, o que entretém e o que afasta nossas mentes de preocupações e aborrecimentos. O papa adverte contra esse espírito trêfego e leviano que predomina na sociedade pós-moderna: "O mundo não quer chorar: prefere ignorar as situações dolorosas, cobri-las, escondê-las. Gastam-se muitas energias para

---

[2] EE.EE. 23, Princípio e Fundamento: O homem é criado para... As outras coisas na face da terra são criadas para o homem... Daí porque devemos fazer-nos indiferentes a todas as coisas criadas, não querendo de nossa parte antes riqueza que pobreza, saúde que doença, vida longa que vida curta... buscando apenas o que mais nos conduz para o fim com que somos criados".

escapar das situações onde está presente o sofrimento, julgando que é possível dissimular a realidade, onde nunca, nunca, pode faltar a cruz" (GE 75).

Justamente a vida boa, com sentido, com plenitude é aquela da qual não está ausente a compaixão. E o que é a compaixão? A resposta está na própria etimologia da palavra: "com-padecer, padecer com". Isto significa não passar ao largo de qualquer sofrimento do outro, do irmão, e ser capaz de chorar com ele. Chorar com os que choram é fundamental para considerar-se humano.

Chorar com os que choram significa participar de sua dor, mas também de sua consolação. A felicidade, a alegria, não podem ser irresponsáveis. É necessário assumir uma parte do fardo de dor dos outros, a parte dolorosa da vida. Assim, e só assim, poderemos ser bem-aventurados dessa felicidade que é sinal de santidade.

Felizes os que têm fome e sede de justiça: a justiça é algo tão importante na vida cristã e, no limite, na vida humana, que é preciso não apenas apreciá-la intelectualmente, mas dela ter fome e sede. Por isso, o Papa Francisco dirá que a justiça tem que ser objeto de necessidade primária, como são a fome e a sede, que podem matar a vida se não saciadas: "'Fome e sede' são experiências muito intensas, porque correspondem a necessidades primárias e têm a ver com o instinto de sobrevivência. Há pessoas que, com essa mesma intensidade, aspiram pela justiça e buscam-na com um desejo assim forte" (GE 77).

O pontífice observa que Jesus promete a saciedade àqueles e àquelas que procuram ser justos nos detalhes da vida cotidiana e, além disso, entregam a vida para que a justiça aconteça e seja uma realidade. Porém, de que justiça se trata? A justiça de que fala a Exortação e que deve ser situada no contexto geral das bem-aventuranças e na reflexão sobre a santidade que o papa propõe deve ser gratuita, humilde e sempre procurar o bem dos pobres e frágeis e vulneráveis. Não se trata, portanto, de qualquer justiça.

Não é fome e sede de justiça realizar alguns projetos sociais para exibir-se e, depois, aliar-se às glórias dos vencedores. Fome e sede de justiça são uma mordida incessante ao coração, que não cessa de buscar todos os meios a fim de facultar o acesso à vida boa e feliz para aqueles que vivem sob a ameaça de morte constante e prematura. Como diz o famoso autor brasileiro, João Cabral de Melo Neto, é uma morte que acontece "de emboscada antes dos 20, de velhice antes dos 30, de fome um pouco por dia".[3]

Toda a tradição bíblica judaica fundamenta a tradição cristã nesse quesito. E o papa relembra um dos textos da Bíblia hebraica, que é dos mais eloquentes: "procurai o que é justo, socorrei os oprimidos, fazei justiça aos órfãos, defendei as viúvas" (Is 1,17) (cf. GE 79).

Felizes os misericordiosos porque alcançarão misericórdia: quem acompanha o pontificado do Papa Francisco, sabe a importância central que ele dá à misericórdia. E sabe bem também como ele a entende. É "... dar, ajudar, servir os outros, mas também perdoar, compreender. "Recorda Francisco que Mateus resume essa bem-aventurança em uma regra de ouro válida para todos: 'o que quiserdes que vos façam os homens, fazei-o também a eles' (7,12)" (GE 80).

Ser misericordioso é sempre procurar justificar o outro, pender sempre para o perdão e a justificação do mesmo. O papa lembra a orientação do *Catecismo da Igreja Católica*,

---

[3] João Cabral de Melo Neto, *Morte e vida Severina*, São Paulo, Alfaguara, 2007.

que afirma que "... esta lei se deve aplicar 'a todos os casos', especialmente quando alguém 'se vê confrontado com situações que tornam o juízo moral menos seguro e a decisão difícil'".[4] Nesses casos, deve-se pender sempre para a misericórdia, como em uma versão cristã da norma jurídica "in dubio pro reo".[5]

O papa alerta para o fato de que a misericórdia é a grande característica do Deus cristão, a quem todo fiel é chamado a imitar: "no Evangelho de Lucas, já não encontramos 'sede perfeitos' (Mt 5,48), mas 'sede misericordiosos como o vosso Pai é misericordioso. Não julgueis e não sereis julgados; não condeneis e não sereis condenados; perdoai e sereis perdoados. Dai e ser-vos-á dado' (6,36-38)" (GE 81).

Praticar a misericórdia é, pois, a imitação de Deus Pai no seguimento de Jesus. Mais adiante, no Sermão da Montanha, o discípulo será instado pelo Mestre Jesus a amar os inimigos, a fazer o bem aos que lhe fazem mal e a orar pelos que o perseguem (Mt 5,38-47). Assim, e só assim, poderá ser seguidor de Jesus, que praticou essa misericórdia em todos os momentos de sua vida e mais ainda na sua agonia, diante de uma morte injusta e violenta, perdoando os que o matavam "porque não sabiam o que faziam" (Lc 23,34).

Os felizes, bem-aventurados, não são, pois, os que pagam as ofensas na mesma moeda, que vivem na mesquinha simetria de um legalismo redutor. Mas aqueles que perdoam, até setenta

---

[4] *Catecismo da Igreja Católica*, 1789 e 1787; cf. 1970. citado em GE 80.

[5] "In dubio pro reo" é uma expressão latina que significa literalmente "na dúvida, a favor do réu". Ela expressa o princípio jurídico da presunção da inocência, que diz que em casos de dúvidas (por exemplo, insuficiência de provas) se favorecerá o réu. Disponível em: <https://pt.wikipedia.org/wiki/In_dubio_pro_reo>. Acesso em: 7 de fevereiro de 2019.

vezes sete, e que, por conseguinte, receberão igualmente o perdão do Pai, abundantemente derramado sobre suas vidas.

Na verdade, o papa chama a atenção para o fato de que, perdoando, não fazemos mais do que reproduzir em nossas vidas a mesma atitude do Senhor para conosco: "É necessário pensar que todos nós somos uma multidão de perdoados. Todos nós fomos olhados com compaixão divina" (GE 82). É essa mesma compaixão e esse mesmo perdão, em suma, essa mesma misericórdia sem medidas que poderão fazer de nós seres humanos felizes, realizados. Bem-aventurados.

Felizes os puros de coração porque verão a Deus: na Bíblia o coração é o lugar onde habitam nossas mais profundas intenções, nossos verdadeiros sentimentos. Em suma, é ali que acontece e emerge nossa verdadeira identidade e nossa forma de estar no mundo. Muitas vezes as outras pessoas não veem o que nos vai no coração, mas Deus, sim, vê.

O papa chama, então, a atenção para aquilo que o Senhor vê em nós e outros não. A retidão de nossas intenções e a pureza de nosso sentir, pensar e agir. Por isso, é feliz aquele ou aquela que tem "... coração simples, puro, sem imundície, pois um coração que sabe amar não deixa entrar na sua vida algo que atente contra esse amor, algo que o enfraqueça ou coloque em risco" (GE 83).

A concepção de pureza para o papa vai na direção de verdade, autenticidade, transparência. Não se identifica com pureza sexual ou com uma ascética mal compreendida, como frequentemente nos fez crer uma catequese mais tradicional e mal compreendida. Do coração sai aquilo que eleva o ser humano e o abre para Deus, como também aquilo que mancha o ser humano e o fecha ao amor de Deus e dos irmãos. Como diz a Exortação papal citando o Evangelho de Mateus: "'é o que provém do coração (...) que torna o homem impuro' (15,18), porque de lá procedem os homicídios, os roubos, os falsos testemunhos (cf. 15,19). Nas intenções do coração, têm origem os desejos e as decisões mais profundas que efetivamente nos movem" (GE 85).

Essas pessoas que têm um coração reto, honesto, verdadeiro e limpo são felizes e bem-aventuradas. Porque sua meta, sua recompensa, o objetivo de sua vida se realizarão: ver a Deus, anseio maior do coração humano, segundo diz Santo Agostinho: "Fizeste-nos para vós, Senhor e inquieto está nosso coração enquanto não descansar em ti".

Um coração puro descansa em Deus, encontra nele sua paz e seu repouso, sua realização e sua felicidade. Por isso, quem tem esse coração é bem-aventurado, feliz e não teme o que lhe pode acontecer. Anda na verdade, é livre e confia em seu Criador e Redentor.

Felizes os pacificadores porque serão chamados filhos de Deus: a paz é um dom do Espírito. Juntamente com a alegria, aparece nos Evangelhos como dom direto e explícito do Ressuscitado às testemunhas que nele creem e nele encontram sua realização. O papa chama a atenção para a importância dessa bem-aventurança em um mundo como o nosso, constantemente em guerra em todos os níveis.

O texto da *Gaudete et Exsultate* aponta as diferentes situações de guerra que a humanidade vive e provoca. Desde a maledicência, que destrói a reputação de outra pessoa, passando por conflitos familiares, profissionais e relacionais até chegar às guerras entre nações, com toda a destruição que podem causar e causam, como em nosso mundo no Iraque e na Síria, e igualmente a ameaça nuclear que depende do desvario de governantes que não têm que fazer nada mais além de apertar um botão para deflagrar um conflito inimaginável.

A bem-aventurança não convida apenas a ser pacífico no sentido de calmo, cordato e ordeiro. Mas a ser artesão da paz, construtor da verdadeira paz. A jogar-se e expor-se pela paz, aceitando mesmo perder e ser derrotado, sem adotar soluções violentas. O papa não se refere a uma paz fácil, que seja apenas uma ausência de conflitos. Mas a uma paz dinâmica e profunda: "... não pretende ignorar ou dissimular os conflitos, mas 'aceitar suportar o conflito, resolvê-lo e transformá-lo no elo de ligação de um novo processo'. Trata-se de ser artesãos da paz, porque construir a paz é uma arte que requer serenidade, criatividade, sensibilidade e destreza" (GE 89 apud EG 227).

Felizes os que sofrem perseguição por causa da justiça porque deles é o Reino dos céus: mais uma vez Jesus aponta o caminho para a verdadeira felicidade com uma orientação que pode ser algo chocante para o comum das pessoas. No entanto, pode falar com toda autoridade, uma vez que ele mesmo viveu em grau máximo essa realidade dura e conflitiva de ser perseguido por causa da justiça.

O papa quer sublinhar algo que já deixou claro desde o início de seu texto: santidade não combina com mediocridade e falsa tranquilidade. Agora o repete com clareza irrefutável: "Se não queremos afundar numa obscura mediocridade, não pretendamos uma vida cômoda, porque 'quem quiser salvar a sua vida, vai perdê-la' (Mt 16,25)" (GE 90). O cristão anda na contramão do mundo. Sua presença, sua vida, seu testemunho, incomodam aqueles a quem não interessa a boa notícia do Evangelho e a primazia do Reino de Deus.

As perseguições pertencem ao dia a dia da vida cristã. E vão desde as calúnias e as difamações até o dom da própria vida com o derramamento do sangue. Francisco chama a atenção para o fato de que elas não são uma realidade do passado, mas, pelo contrário, algo extremamente atual. E ressalta que, apesar de o santo ser uma pessoa normal e não dever provocar os outros com atitudes excêntricas, seu modo de ser e seu testemunho inevitavelmente lhe trarão problemas e incompreensões. O chamado de Jesus e seu Evangelho, no entanto, é não fugir das situações adversas e ser consolado pensando que elas são bem-aventuranças que purificam e fazem crescer em humanidade e em santidade: "Jesus diz que haverá felicidade, quando, 'mentindo, disserem todo o gênero de calúnias contra vós, por minha causa' (Mt 5,11). Outras vezes, trata-se de zombarias que tentam desfigurar a nossa fé e fazer-nos passar por pessoas ridículas" (cf. GE 94).

E resume, de maneira simples e clara, no n. 94: "Abraçar diariamente o caminho do Evangelho mesmo que nos acarrete problemas: isto é santidade". E tal afirmação se poderia dizer em palavras mais fortes: não se desviar do caminho nem da vontade de Deus, ainda que se preveja que permanecer neles nos traz sofrimentos.

14. Santificação = cristificação

Na verdade, o que as bem-aventuranças mostram – e a GE sublinha – é que ser santo é inspirar-se, seguir e, em consequência, assemelhar-se sempre mais a Jesus Cristo. Nas bem-aventuranças, na verdade, Jesus traça um retrato seu. Pois, quem mais do que ele é pobre, manso, misericordioso, pacífico e pacificador? Quem mais do que ele foi faminto e sedento de justiça e perseguido por causa dessa fome e dessa sede? Viver as bem-aventuranças, portanto, é assemelhar-se a ele e comportar-se no mundo como ele se comportou.

Por isso, Francisco propõe a seguir, no n. 95, o que ele chama de "A grande regra de comportamento". Trata-se da bem-aventurança da misericórdia, aqui retomada, para com o outro necessitado ou infeliz, sob qualquer forma, e que constitui o caminho reto e correto para o seguimento de Cristo e a união com ele. Na verdade, trata-se do único caminho de salvação, já que a narrativa se enquadra dentro da figura do juízo escatológico, que decide o destino final de todos os seres humanos criados por Deus. Ali o juiz escatológico não postula uma só pergunta sobre a prática religiosa, ou sobre a fidelidade ritualística, ou mesmo sobre o zelo pela correta formulação do conteúdo das crenças. Trata-se de um "exame" sobre a misericórdia, o amor concreto e praticado. E o que aprova ou reprova neste exame é o haver-se ou não atendido, socorrido o outro necessitado com aquilo de que ele ou ela necessitam.

O capítulo 25 do Evangelho de Mateus, vv. 31-46 – texto que marcou indelevelmente a história do Cristianismo –, traz, então, uma lista que posteriormente será incorporada pela Igreja em sua Teologia moral e catequese como as "obras de misericórdia".[1] Tais obras dividem-se em dois tipos:

Corporais: alimentar os famintos; dar de beber aos quem têm sede; vestir o nu; abrigar os sem abrigo; visitar os doentes; visitar os cativos; sepultar os mortos.

Espirituais: instruir os ignorantes; aconselhar os duvidosos; advertir os pecadores; suportar os erros pacientemente; perdoar as ofensas de bom grado; confortar os aflitos; rezar para os vivos e para os mortos.

É digno de nota, porém, que o evangelista Mateus aponta apenas aquelas entendidas como corporais. Somente elas são mencionadas, no seio delas é que se dá o encontro com Jesus Cristo, sendo ele mesmo o pobre, o faminto, o sedento, o nu que necessita de uma veste, o sem abrigo que clama por um teto sobre sua cabeça, por não ter onde repousá-la,[2] o cativo privado da liberdade. E o juiz escatológico diz que todo aquele que usa de misericórdia para com uma dessas categorias de pessoas, chamadas respeitosa e afetivamente "meus irmãos mais pequeninos", con-forma seu comportamento misericordioso com o próprio Cristo. Aí, e apenas aí, se encontra o caminho da salvação.

Fiel ao Evangelho, Francisco segue o mesmo caminho. E, ao mencionar a via adequada para a santidade, identifica-a com este, que o próprio Ressuscitado traça:

> Se andamos à procura da santidade que agrada a Deus, neste texto encontramos precisamente uma regra de comportamento com base na qual seremos julgados: "Tive

---

[1] Cf. James Keenan, *The Works of Mercy: The Heart of Catholicism*, Maryland, Rowman & Littlefield Publishers, 2007.

[2] Tal como Jesus: cf. Mt 8,20.

> fome e destes-me de comer, tive sede e destes-me de beber, era peregrino e recolhestes-me, estava nu e destes-me que vestir, adoeci e visitastes-me, estive na prisão e fostes ter comigo" (25,35-36) (GE 95).

Não quer isso dizer que o papa não dê importância às obras de misericórdia espirituais. Pelo contrário. Uma e outra vez ao longo do documento, o pontífice exorta à paciência, ao cuidado espiritual com o próximo e a tudo que constitui a atenção misericordiosa subjetiva e caridosa. Porém, quer deixar bem claro que, sem a atenção às necessidades básicas e, portanto, corporais, aos pobres e desvalidos da terra, não haverá santidade possível. Pelo menos o que se entende como santidade dentro do Cristianismo.

E aqui Francisco é muito claro, pois chega ao coração de seu ensinamento sobre o que é a santidade entendida à luz do Evangelho de Jesus Cristo. Trata de exorcizar como tentação uma concepção de santidade que se detém nos êxtases e nos fenômenos extraordinários de uma mística mal compreendida: "ser santo não significa revirar os olhos num suposto êxtase" (GE 96). Afirma, outrossim, citando a *Nuovo Millenio Ineunte,* que o texto de Mateus 25,35-36 "'não é um mero convite à caridade, mas uma página de cristologia que projeta um feixe de luz sobre o mistério de Cristo'.[3] Nesse apelo a reconhecê-lo nos pobres e atribulados, revela-se o próprio coração de Cristo, os seus sentimentos e as suas opções mais profundas, com os quais se procura configurar todo santo" (GE 96).

É com tom solene que o papa continua exortando explicitamente os fiéis a que recebam essa doutrina, em sua mais

[3] *Novo Millennio Ineunte* (6 de janeiro de 2001), 49: *AAS* 93 (2001), 302.49: o. c., 302.

profunda e verdadeira autenticidade, sem interpretações que a tergiversem. E aqui vale a citação completa, por sua importância e relevância para o tema da Exortação:

> Perante a força destas solicitações de Jesus, é meu dever pedir aos cristãos que as aceitem e recebam com sincera abertura, "sine glossa", isto é, sem comentários, especulações e desculpas que lhes tirem força. O Senhor deixou-nos bem claro que a santidade não se pode compreender nem viver prescindindo destas suas exigências, porque a misericórdia é o "coração pulsante do Evangelho".[4]

E prossegue com exemplos concretos, para não deixar dúvidas quanto à doutrina que propõe:

> Quando encontro uma pessoa a dormir ao relento, numa noite fria, posso sentir que este vulto seja um imprevisto que me detém, um delinquente ocioso, um obstáculo no meu caminho, um aguilhão molesto para a minha consciência, um problema que os políticos devem resolver e talvez até um monte de lixo que suja o espaço público. Ou então posso reagir a partir da fé e da caridade e reconhecer nele um ser humano com a mesma dignidade que eu, uma criatura infinitamente amada pelo Pai, uma imagem de Deus, um irmão redimido por Jesus Cristo. Isto é ser cristão! Ou poder-se-á porventura entender a santidade prescindindo deste reconhecimento vivo da dignidade de todo o ser humano? (GE 98).[5]

---

[4] GE 97, citando sua própria bula *Misericordiae Vultus* (11 de abril de 2015), 12: *AAS* 107 (2015), 407.

[5] Cita a seguir a parábola do bom samaritano: "Lembremos a reação do bom samaritano à vista do homem que os salteadores deixaram meio morto na beira da estrada" (cf. Lc 10,30-37).

A partir dessas afirmações centrais na GE, Francisco reflete sobre a santidade como estado de permanente insatisfação. Ele denomina este estado de espírito com uma expressão original: "saudável e permanente insatisfação" (GE 99). O santo não é nem pode ser uma pessoa acomodada em sua consolação espiritual, vivendo em um espaço sagrado, protegido por uma congregação ou uma diocese ou uma família e uma profissão que lhe garantam um viver tranquilo e confortável, não afetado pelos problemas que afligem boa parte da humanidade. Isso, a médio e longo prazo, leva à doença, à alienação, à anestesia da consciência. Para manter a saúde espiritual, base para toda santidade, há que manter a "insatisfação" que diz respeito não só aos indivíduos como aos sistemas perversos que oprimem e destroem vidas humanas.

Se, como afirma o papa, "dar alívio a uma única pessoa já justificasse todos os nossos esforços" (GE 99), ele afirma sem deixar lugar a dúvidas: "para nós isso não é suficiente" (GE 99). Defende, então, que, "não se trata apenas de fazer algumas ações boas, mas de procurar uma mudança social" (GE 99). A razão para isso é clara e ele a sustenta citando o documento dos bispos do Canadá por ocasião do Jubileu:[6] "para que fossem libertadas também as gerações futuras, o objetivo proposto era claramente o restabelecimento de sistemas sociais e econômicos justos, a fim de que não pudesse haver mais exclusão".

Francisco segue aí a consciência e o ensinamento de santos de ontem e de hoje. Já os padres da Igreja, como Ambrósio de

---

[6] Conferência Canadiana dos Bispos Católicos – Comissão de Assuntos Sociais, Carta aberta aos membros do Parlamento The Common Good or Exclusion: a Choice for Canadians (1º de fevereiro de 2001), 9. Citado em GE 99, nota 83.

Milão e João Crisóstomo nos séculos IV e V, exortavam a pagar o salário justo ao trabalhador e denunciavam as grandes fortunas que se acumulavam, enquanto a maioria vivia na pobreza e na necessidade.[7] Da mesma forma, os padres capadócios, responsáveis pelas bases da pneumatologia em nossa teologia, denunciam o sombrio lado estrutural do acúmulo de riquezas e da pobreza que atinge a maioria das pessoas.[8]

No século XX, duas mulheres cristãs, uma em processo de beatificação pela Igreja Católica e outra filósofa que segue inspirando misticamente a muitos dentro e fora da Igreja, falaram sobre a santidade que não fica apenas no nível subjetivo, mas atinge causas estruturais. São elas Dorothy Day e Simone Weil.[9]

Dorothy Day, recém-convertida e mergulhada na grande depressão que atingia os Estados Unidos e lançava os trabalhadores na fome e no desamparo mais completos, perguntava-se, vendo as mães que procuravam desesperadamente creches onde deixar as crianças para poder trabalhar e contribuir no orçamento doméstico: "Onde estão os santos para tentar mudar a ordem social, não apenas servindo os escravos, mas acabando com a escravidão?".[10]

Simone Weil, por sua vez, escreveu muito sobre a santidade. Ao dominicano Padre Joseph-Marie Perrin, seu amigo e

---

[7] Ambrósio de Milão, *Sobre Tobias* 24, P.L. 14, 862; João Crisóstomo, *Sermão 12: Carta a Timóteo*, P.G., 62, p. 562-564.

[8] Basílio de Cesareia, P.G. 31, p. 262.78; Gregório de Nissa, P.G. 46, p. 454-69.

[9] Cf. meu livro *Love for God and love for justice. The cases of Dorothy Day and Simone Weil*, Los Angeles, Marymount Institute Press and Tsehai Publishers Books, 2019.

[10] Dorothy Day, *The Long Loneliness*, San Francisco, Harper and Row, 1952, p. 87.

confidente, ela escreveu: "Hoje não significa nada ser um santo, é preciso a santidade que o momento presente exige, uma santidade nova, ela também sem precedente".[11]

Lendo essas duas mulheres, tocadas pela graça de Deus e radicais em sua entrega, percebe-se uma afinidade de fundo com o pensamento do papa na GE. A verdadeira característica da santidade não pode ser apreendida, se não se distingue nitidamente a santidade da moralidade. A santidade passa além do simples exercício voluntarista das virtudes. A aproximação de Deus e a necessidade do êxodo interior, quer dizer, sair de si mesmo e oferecer sua própria vida: esta é a marca do santo. E este êxodo, fruto do êxtase do encontro com Deus na câmara nupcial, o leva necessariamente à praça pública do serviço aos necessitados.[12]

O santo deseja não apenas crescer em perfeição particular e pessoal. Deseja transformar o mundo segundo o desejo e o coração de Deus. E transformar o mundo implica não apenas atender as necessidades de cada um, materiais e espirituais, mas igualmente transformar as causas e as circunstâncias que geram essas necessidades e esses sofrimentos. Em cada época da história, santos foram os que souberam ler a realidade, ruminá-la e dar suas pessoas inteiramente para transformá-la.

---

[11] *Attente de Dieu*, p. 81. E ela acrescentava que isso era uma necessidade imperativa para o mundo tal como é hoje. Ela o diz com palavras que fazem pensar no Camus de *La Peste*, falando ao mesmo tempo pela boca de seus dois personagens Rieux e Tarrou: " ... é a primeira requisição a fazer agora, uma requisição a fazer todos os dias, a toda hora, como uma criança esfaimada pede sempre pão. O mundo tem necessidade de santos que tenham gênio como uma cidade onde há a peste tem necessidade de médicos. Onde há necessidade, há obrigação" (AD, p. 82). Cf. sobre isso nosso artigo, SW et Camus: sainteté sans dieu et mystique sans Eglise, *CSW*, v. 28, n. 4, p. 365-386, 2005.

[12] Cf. Simone Weil, *Attente de Dieu*, op. cit., cf. nota 133.

Hoje, com o processo de secularização e de pluralismo com o qual o Cristianismo deve se confrontar, as grandes lutas da humanidade atraem e sensibilizam pessoas de diversas pertenças religiosas. E igualmente pessoas não pertencentes a nenhuma religião. Por isso, muitas vezes podemos ver os santos contemporâneos lutando juntamente com membros de outras religiões e, inclusive, com ateus por causas que são de toda a humanidade, tais como a justiça, a paz e a liberdade, sob diversas formas.

O papa alerta que, nessa santidade que visa ao crescimento pessoal, mas também e inseparavelmente ao saneamento do espaço público, há riscos ideológicos reais. O primeiro é dissociar a transformação social e política da relação com o Senhor e da espiritualidade. E como sempre, exemplifica para maior claridade.

> Assim, transforma-se o Cristianismo numa espécie de ONG, privando-o daquela espiritualidade irradiante que, tão bem, viveram e manifestaram São Francisco de Assis, São Vicente de Paulo, Santa Teresa de Calcutá e muitos outros. A estes grandes santos, nem a oração, nem o amor de Deus, nem a leitura do Evangelho diminuíram a paixão e a eficácia da sua dedicação ao próximo; antes, pelo contrário... (GE 100).

Mas não menos real e perigoso é o risco oposto: o de suspeitar e demonizar o engajamento e compromisso social, acusando-o de ser ateu, de se desviar da fé, de estar alinhado a um secularismo sem religião, de ser comunista etc. Já Dom Helder Camara, viveu isso em sua vida e por isso pronunciou estas palavras que até hoje nos inspiram: "Quando dou comida aos pobres, me chamam de santo. Quando pergunto porque eles são pobres, chamam-me de comunista".

Aí Francisco nos brinda com reflexões de muita audácia teológica e sensibilidade pastoral. Propõe como exemplo uma questão altamente delicada e central na moral cristã de hoje: o aborto. Com força, unção e também e não menos, bom senso, afirma:

> A defesa do inocente nascituro, por exemplo, deve ser clara, firme e apaixonada, porque neste caso está em jogo a dignidade da vida humana, sempre sagrada, e exige-o o amor por toda a pessoa, independentemente do seu desenvolvimento. Mas igualmente sagrada é a vida dos pobres que já nasceram e se debatem na miséria, no abandono, na exclusão, no tráfico de pessoas, na eutanásia encoberta de doentes e idosos privados de cuidados, nas novas formas de escravatura, e em todas as formas de descarte. Não podemos propor-nos um ideal de santidade que ignore a injustiça deste mundo, onde alguns festejam, gastam folgadamente e reduzem a sua vida às novidades do consumo, ao mesmo tempo que outros se limitam a olhar de fora enquanto a sua vida passa e termina miseravelmente.[13]

Aborda igualmente a questão dos migrantes, este papa que identifica o início de seu magistério pontifício com o discurso que faz na Ilha de Lampedusa, diante da terrível situação dos milhares de migrantes que, ao saírem de seus países

---

[13] GE 101. E cita aí, no n. 84, o Documento de Aparecida. A V Conferência Geral do Episcopado Latino-Americano, atendo-se ao magistério constante da Igreja, ensinou que o ser humano "é sempre sagrado, desde a sua concepção, em todas as etapas da existência, até a sua morte natural e depois da morte", e que a sua vida deve ser cuidada "desde a concepção, em todas as suas etapas, até à morte natural" [Documento de Aparecida (29 de junho de 2007), 388;464].

empurrados pela guerra e pela fome, encontram a morte no fundo do Mar Mediterrâneo e que são muitas vezes rejeitados pelas potências europeias que não desejam ser incomodadas por sua presença em seu território.[14]

É conhecida a imensa preocupação do Papa Francisco com a questão dos migrantes. Na criação do novo Dicastério para o serviço do desenvolvimento humano, chamou a si a seção migrantes, acompanhando de perto suas iniciativas e trabalhos. Por isso, fala aqui com conhecimento de causa, repreendendo aqueles que consideram o tema das migrações menos sérios que os temas bioéticos:

> Que fale assim um político preocupado com os seus sucessos, talvez se possa chegar a compreender; mas não um cristão, cuja única atitude condigna é colocar-se na pele do irmão que arrisca a vida para dar um futuro aos seus filhos. Poderemos nós reconhecer que é precisamente isto o que nos exige Jesus quando diz que a ele mesmo recebemos em cada forasteiro (cf. Mt 25,35)? (GE 102).

Chama a atenção Francisco para a raiz veterotestamentária da questão migratória. Não é de hoje que os estrangeiros incomodam aqueles que desejam viver tranquilos, desfrutando de suas benesses. Já o povo de Israel entendeu que o cuidado com os necessitados de toda espécie pertencia à própria identidade de Deus. Este não era um juiz ou legislador que se escondia num céu distante, mas o defensor, o porta voz, o *go'el* das categorias de pessoas que se encontravam desamparadas na sociedade e que são: o pobre, o órfão, a viúva e o estrangeiro. Por

---

[14] Cf. <http://w2.vatican.va/content/francesco/pt/homilies/2013/documents/papa-francesco_20130708_omelia-lampedusa.html>. Acesso em: 23 de março de 2019.

isso, Francisco relembra alguns textos da Bíblia hebraica que exortam a priorizar a atenção ao migrante hoje: "não usarás de violência contra o estrangeiro residente nem o oprimirás, porque foste estrangeiro residente na terra do Egito" (Ex 22,20). "O estrangeiro que reside convosco será tratado como um dos vossos compatriotas e amá-lo-ás como a ti mesmo, porque fostes estrangeiros na terra do Egito" (Lv 19,34) (cf. GE 103).

E acrescenta, com sua dose de realismo e humor habitual, que "não se trata da invenção de um papa nem dum delírio passageiro" (GE 103). Trata-se do coração da Revelação, do fio condutor da autocomunicação de Deus à humanidade, e que diz que fé e justiça caminham de mãos dadas e são inseparáveis. E que a única coisa que agrada a Deus é "repartir o teu pão com os esfomeados, dar abrigo aos infelizes sem casa, atender e vestir os nus e não desprezar o teu irmão. Então, a tua luz surgirá como a aurora" (Is 58,7-8) (cf. GE 103).

Nisso consiste a santidade segundo Francisco e sua interpretação do Evangelho. Não se trata apenas de multiplicar orações e obedecer rigorosamente a normas morais. Relembra o papa com gravidade: "o critério de avaliação da nossa vida é, antes de mais nada, o que fizemos pelos outros" (GE 104). E a oração, por mais preciosa que seja, será autêntica e agradará ao Senhor, se for a caixa de ressonância dessa práxis caritativa e misericordiosa, práxis de justiça enfim. Esse é o critério que permite não apenas ver o agir do Pai, mas também, e não menos, quem são seus verdadeiros filhos. Esses são os que chamamos santos. Aqueles que estão impregnados do amor de Deus e disso dão testemunho servindo os outros em suas necessidades.

A santidade, então, é a vivência radical da misericórdia, "é a plenitude da justiça e a manifestação mais luminosa da verdade de Deus" (GE 105).[15] Mesmo Tomás de Aquino reafirma essa verdade: a de que

> ao interrogar-se quais são as nossas ações maiores, quais são as obras exteriores que manifestam melhor o nosso amor a Deus. Responde sem hesitar que, mais do que os atos de culto, são as obras de misericórdia para com o próximo: "não praticamos o culto a Deus com sacrifícios e com ofertas exteriores para proveito dele, mas para benefício nosso e do próximo: de fato ele não precisa dos nossos sacrifícios, mas quer que lhos ofereçamos para nossa devoção e para utilidade do próximo. Por isso a misericórdia, pela qual socorremos as carências alheias, ao favorecer mais diretamente a utilidade do próximo, é o sacrifício que mais lhe agrada" (GE 106, notas 92-93).

Não consiste a santidade apenas em longas horas de oração, jejuns e penitências que hoje, com a crítica da psicologia, reconhece-se que podem beirar ao sadomasoquismo, nem preocupação doentia com uma perfeição que avança à força de pequenos atos, conluios e estratégias que, às vezes, escondem muito de busca pessoal e subjetiva. Mas ao contrário: "Quem deseja verdadeiramente dar glória a Deus com a sua vida, quem realmente se quer santificar para que a sua existência glorifique o Santo, é chamado a obstinar-se, gastar-se e cansar-se procurando viver as obras de misericórdia" (GE 107).

Assim dizendo, Francisco se aproxima simplesmente daquilo que não cessa de repetir a Bíblia, tanto a hebraica como a cristã. A Primeira Carta de João, texto escrito quando as comunidades cristãs já caminhavam há algum tempo e tinham

---

[15] Cita também nas notas desse parágrafo a Bula *Misericordiae Vultus* (11 de abril de 2015), 9: *AAS* 107 (2015), 405.[89]. Ibid., 10: o. c., 406 e a Exortação apostólica pós-sinodal *Amoris Laetitia* (19 de março de 2016), 311: *AAS* 108 (2016), 439.

que se debater com as primeiras heresias, afirma com uma clareza prístina e que não deixa lugar a dúvidas nem a discussões: "Se alguém diz: 'Eu amo a Deus', e odeia a seu irmão, é mentiroso. Pois quem não ama a seu irmão, ao qual viu, como pode amar a Deus, a quem não viu? E dele temos este mandamento: que quem ama a Deus, ame também a seu irmão" (1Jo 4,20-21).

O papa termina este capítulo de sua Exortação, o terceiro e penúltimo, com uma exortação direta aos cristãos católicos, para quem sua palavra tem peso como chefe da Igreja:

> A força do testemunho dos santos consiste em viver as bem-aventuranças e a regra de comportamento do juízo final. São poucas palavras, simples, mas práticas e válidas para todos, porque o Cristianismo está feito principalmente para ser praticado e, se é também objeto de reflexão, isso só tem valor quando nos ajuda a viver o Evangelho na vida diária. Recomendo vivamente que se leia, com frequência, estes grandes textos bíblicos, que sejam recordados, que se reze com eles, que se procure encarná-los. Far-nos-ão bem, tornar-nos-ão genuinamente felizes (GE 109).

A santidade é, então, compatível com a felicidade? Parece ser que sim. E, particularmente sensível a todas as patologias que o mundo em que vivemos nos faz experimentar a cada dia, Francisco vai, em seu último capítulo, descrever algumas atitudes que lhe parecem particularmente importantes hoje. Com elas, os cristãos podem se aproximar do ideal da santidade proposto por Jesus Cristo e propor-se ser outros Cristos no mundo e na Igreja. E assim serão felizes, bem-aventurados.

15. Os santos que o mundo de hoje necessita e pede

O mundo de hoje, que passa por uma mudança de época, tal a velocidade com que tudo muda e se apresenta com rosto inesperado e novo, é descrito com lucidez e preocupação pelo papa. Presa de uma cultura consumista e estéril, a cultura em que vivemos vai na contramão do Evangelho e da proposta cristã: "Nesta (cultura) se manifestam: a ansiedade nervosa e violenta que nos dispersa e enfraquece; o negativismo e a tristeza; a acedia cômoda, consumista e egoísta; o individualismo e tantas formas de falsa espiritualidade sem encontro com Deus que reinam no mercado religioso atual" (GE 111).

Para enfrentar e lutar contra esses "demônios" contemporâneos, o discípulo de Jesus Cristo é chamado a desenvolver algumas "virtudes" que talvez não constem literalmente nos manuais de piedade tradicionais, mas que são verdadeiramente necessárias na sociedade e na cultura em que vivemos:

Paciência: a etimologia da palavra paciência fala por si só: ciência da paz. Trata-se de desenvolver uma ciência, um conhecimento da paz, essa grande aspiração e necessidade do mundo contemporâneo. Não entende o papa esta virtude como uma passividade dolorista e anuladora de iniciativas. Pelo contrário, deve ser entendida como uma firmeza que leva a centrar a vida em Deus e seu Cristo e, a partir daí, tudo enfrentar e suportar. É paciência feita de fidelidade e constância no amor.

Essa paciência é chamada muitas vezes a enfrentar agressividades e violências alheias. Não revidar o mal com o mal é parte importante e fundamental do Cristianismo. Não com uma atitude de passividade alienada, mas com uma lucidez que não se desequilibra, uma serenidade que encontra sua fonte em Deus e pode, portanto, levar o agressor a refletir e até mesmo a mudar a direção de sua conduta.

O papa chama a atenção aí para o risco que muitas vezes se apresenta para os cristãos, que usam as redes sociais, de aderir ao discurso de ódio e desprezo pelos outros, tornado público pela agilidade e alta tecnologia das redes. Exorta a não entrar nessa dinâmica que não pode levar a bom termo.[1] A soberba que deprecia o outro é, segundo Francisco, "uma forma sutil de violência" (cf. GE 117).[2] A firmeza interior, que é filha da graça, permite não ser arrastado pela onda de agressividade que assola todos os setores da vida e igualmente não se considerar superior, olhando os outros com desprezo e sentimento de superioridade. A humildade e a paciência andam juntas e uma alimenta a outra.

A humildade e a paciência ajudam igualmente a integrar as humilhações nossas de cada dia, que chegam mais cedo ou mais tarde à vida de qualquer pessoa que vive neste mundo. O santo é aquele que entende, com a mente e o coração, que a humilhação pode ser vivida como enriquecimento e como algo

---

1 Recentemente, em nosso país temos visto como essa agressividade gratuita e sem racionalidade que circula nas redes sociais pode ter consequências funestas, como com o jogo "A baleia azul", que incita jovens ao suicídio, com os grupos de ódio que ocasionam desastres horríveis com várias vítimas fatais, como em Suzano etc.

2 Aqui o papa cita expressamente o *bullying*, tão em voga inclusive entre jovens e adolescentes e que chega a destruir vidas, levando à violência armada e letal, e ao suicídio, interrompendo vidas que estão apenas começando. *Há muitas formas de "bullismo" que, embora pareçam elegantes ou respeitosas e até mesmo muito espirituais, provocam muito sofrimento na autoestima dos outros.*

que o faz ser mais semelhante a Jesus Cristo e estar mais unido a ele. Pois, por sua *kenosis*, sua humilhação e abaixamento, é que o Verbo se encarnou e salvou o mundo. Não pode ser outro o caminho do cristão que quer ser discípulo desse mesmo Jesus Cristo e anunciar aos outros sua boa notícia.

Ninguém pode desejar a humildade, porque isso não seria sadio. Mas sim buscar libertar-se da tirania de seu próprio ego, que o faz olhar as pessoas de cima para baixo e integrar as eventuais ofensas ou humilhações que aconteçam em sua vida diária, buscando sempre a verdade, ainda que isso afete sua imagem ou a imagem que foi construída pela opinião pública a seu respeito. E, para isso, a paciência que vem de Deus, a firmeza interior dada pela graça ajudam a manter-se sereno e ancorado na fé, em meio a esta sociedade que valoriza sobretudo as aparências e a falsa segurança do ter, do poder, do prazer em detrimento da verdade, que é a única que pode gerar a paz e a plenitude de vida.

A paciência – ciência da paz – é um dom do Espírito e, como tal, deve ser buscada, recebida e vivida. "Por isso, não caiamos na tentação de procurar a segurança interior no sucesso, nos prazeres vazios, na riqueza, no domínio sobre os outros ou na imagem social: 'Dou-vos a minha paz. [Mas] não é como a dá o mundo, que eu vo-la dou' (Jo 14,27)" (GE 121).

Alegria: igualmente dom do Espírito, como todas as outras virtudes, a alegria é a marca registrada da santidade. Um santo triste é um triste santo. E Francisco chama a atenção para essa verdade já no início da GE, como tivemos oportunidade de comentar aqui.[3] Em um pontificado que deseja ser marcado pela alegria, e cujo programa leva a alegria no mesmo título – *Evangelii Gaudium*, A alegria do Evangelho. A alegria, que é um

[3] Cf. as páginas iniciais deste texto.

dom do Espírito Santo que o Ressuscitado doa aos discípulos, é parte constitutiva desse pequeno tratado sobre a santidade proposto pelo papa.

Inspirada, originada e sustentada pela Boa-Nova, a santidade não pode ser um estado de espírito marcado pela tristeza, a sisudez e a negatividade. A alegria tem que ser sua marca registrada. Uma alegria que testemunhe uma atitude positiva diante da vida e que tenha como componente constitutivo uma boa dose de humor.

Se a santidade encontra sua expressão máxima na caridade, a caridade se manifesta na alegria do dom. Citando Santo Tomás de Aquino e a *Summa Theologica*, o papa afirma: "do amor de caridade, segue-se necessariamente a alegria. Pois quem ama sempre se alegra na união com o amado. (...) Daí que a consequência da caridade seja a alegria" (GE 122).[4]

Sempre ao longo de toda a Escritura, a alegria é o sinal da presença de Deus. Assim assinala o papa na GE, passando por toda a história de Israel, especialmente nos livros proféticos, quando a presença de Deus que se apossa do profeta o faz estremecer de gozo e júbilo, pela consciência da presença divina que lhe dá as palavras pelas quais anunciará ao povo a vontade do Senhor (cf. Is 2,6; 40,9; 49,13; Zc 9,9; Ne 8,10).

E se o anúncio profético à filha de Sião, que é Israel, pretende fazer brotar a verdadeira alegria pelo anúncio do que o Senhor deseja fazer em seu meio, quanto mais exultará de alegria Maria, a Sião fiel, de cujo seio nascerá o Novo Israel, ao receber o anúncio do Anjo e constatar que em seu ventre cresce a semente divina, que será o Salvador do povo. O papa chama a atenção para a alegria de Maria diante de Isabel, que a chama

---

[4] Sto. Tomás de Aquino, *Summa Theologiae* I-II, q.70, a.3.

cheia de graça e reconhece em seu ventre a presença do Deus Encarnado. A jovem canta e anuncia que se alegra (Lc 1,47), e o próprio menino Jesus, que está em seu ventre, faz com que Isabel, a estéril que se encontra grávida pelo Espírito Santo, sinta seu ventre estremecer de alegria ao anúncio do cumprimento das promessas do Altíssimo.

Francisco destaca igualmente como toda a vida de Jesus é marcada por momentos de extrema alegria sob a ação do Espírito de seu Pai, quando percebe que a Boa-Nova é revelada aos pequenos e humildes (Lc 10,21-24). Quando ele passava, a multidão se alegrava (Lc 13,17). E esse dom foi transmitido aos apóstolos que também o transmitiam aos que os ouviam (At 8,8). É a alegria igualmente o dom divino do Ressuscitado, promessa do fim da tristeza transformada em júbilo pela vitória do Crucificado (Jo 16,20.22), alegria que deve ser completa porque agora a última inimiga - a morte - foi vencida (Jo 15,11).

Trata-se de um dom perene, permanente, que ninguém poderá tirar dos discípulos de Jesus. E também de um sentimento de plenitude que pode conviver com a cruz e as tribulações. Algo que passa a constituir o fundo mais profundo da vida do cristão e que nada nem ninguém poderá arrancar-lhe, pois sua alegria reside não tanto em realizações pessoais, mas na vitória definitiva do Cristo sobre a morte.[5]

A essa alegria profunda, o papa acrescenta que não pode faltar o humor, e o sentido deste último. Cita aí São Tomás Moro, o grande santo inglês, e outros santos como São Filipe de Néri e São Vicente de Paulo. Também acompanha a alegria, o êxtase diante da beleza e da bondade, como o que movia São Francisco de Assis contemplando a criação (cf. GE 127).

---

[5] Exortação apostólica *Evangelii Gaudium* (24 novembro 2013), 6: *AAS* 105 (2013), 1221.

Não falta aí a advertência do pontífice ao equívoco que é buscar a alegria nas coisas passageiras que oferece a sociedade de consumo onde vivemos. Essas satisfações são efêmeras, deixam na boca o sabor amargo da frustração e do vazio. Pelo contrário, a alegria cristã que enche o coração dos santos é fruto da comunhão, da partilha fraterna, da convivência. Quem se contenta em olhar suas próprias necessidades e desejos, acaba tendo pouca alegria em seu coração, afirma o papa, citando outra exortação de seu pontificado.[6]

Ousadia e ardor: o coração dos santos é sempre ardente. Ardente do amor de Deus, ardente de caridade, compaixão e desejo de serviço diante dos irmãos. Sendo profundamente alegre, a santidade cristã é ousada, ardente, não conhece o medo. Se há algo que Jesus disse e afirmou ao longo de toda a sua vida, foi a advertência: "Não temais" (Mc 6,50). E a razão de não temer é a mesma que o Senhor Deus de Israel já havia comunicado a Abraão: "Eu estarei contigo" (Gn 26,3). Da mesma forma, Jesus exorta seus discípulos a não temer, pois o Mestre ressuscitou e estará com eles até o final dos tempos (cf. 28,20).

A santidade é incompatível com o medo. O medo paralisa, não permite amar. Quem ama e está apaixonado não teme riscos, se expõe, se arrisca e ousa. Assim acontece também com os que estão apaixonados por Jesus Cristo. E Francisco diz dever ser essa a atitude do cristão que busca e aspira a ser santo como Deus é santo, viver em união com Jesus, o Santo de Deus. A ousadia é fruto da liberdade e da criatividade. É força decorrente da convicção de que o Senhor está conosco e nada poderá abater-nos. Disponibilidade para servir aos irmãos em qualquer coisa que desejem ou necessitem. O Novo Testamento usa para isso o termo *parresia*, que significa fortaleza, destemor,

---

[6] Exortação apostólica *Amoris Laetitia* (19 março 2016), 110: *AAS* 108 (2016), 354.

liberdade. Somente com essa *parresia*, o Evangelho pode ser anunciado como boa notícia (cf. GE 129; At 4,29; 9,28; 28,31; 2Cor 3,12; Ef 3,12; Hb 3,6; 10,19).

Assim convida o papa a olhar para Jesus, a quem a compaixão não fechava em si mesmo, mas abria e lançava em direção aos outros que cruzavam seu caminho. O santo é aquele ou aquela que reconhece sua própria fragilidade e fraqueza, mas confia e se firma na fortaleza do Senhor, em cujas mãos se entrega.

> A parresia é selo do Espírito, testemunho da autenticidade do anúncio. É uma certeza feliz que nos leva a gloriar-nos do Evangelho que anunciamos, é confiança inquebrantável na fidelidade da Testemunha fiel, que nos dá a certeza de que nada "poderá separar-nos do amor de Deus" (Rm 8,39) (GE 132).

A vida dos santos, assim como a dos apóstolos, está cheia de momentos de tentação, de fraquejar na ousadia e no ardor e deixar-se paralisar pelo medo e pelo desejo de voltar às antigas seguranças, fugindo da missão. Sempre nessas circunstâncias, foram os servos de Deus assistidos pela força do Espírito Santo que os confirma e impulsiona a seguir em frente, sem nada temer. Assim sucede com os apóstolos no livro dos Atos, quando pedem a Deus forças para poderem realizar aquilo que sentem que lhes é pedido e enfrentar as ameaças. E recebem a força abundante do Espírito (At 4,29-31). Assim foi com Monsenhor Romero, quando sentiu que o cerco se fechava em torno a ele e as ameaças de morte se tornavam cada vez mais fortes e amedrontadoras.[7] Assim também com Christian de Chergé e sua

[7] Cf. José Maria Tojeira, Monseñor Romero y nuevos modelos de santidade. Disponível em: <http://historico.cpalsj.org/espiritualidad/articulos-mensuales/noviembre-2015-monsenor-romero-y-nuevos-modelos-de-santidad/>. Acesso em: 17/03/2019.

comunidade monástica na Argélia, que, diante da injunção de partir e deixar a comunidade que necessitava de sua presença, resolveram ficar e expor-se a uma morte certa.[8]

Aqui novamente Francisco sublinha a importância da opção preferencial pelos pobres. A ousadia apostólica, o ardor místico e profético, devem levar o santo até as periferias, onde se encontram aqueles que são descartados pela sociedade de consumo e bem-estar. Ali, buscando o outro, o pobre, o infeliz, se encontrará o Deus pelo qual seu coração anseia.

> Deus é sempre novidade, que nos impele a partir sem cessar e a mover-nos para ir mais além do conhecido, rumo às periferias e aos confins. Leva-nos onde se encontra a humanidade mais ferida e onde os seres humanos, sob a aparência da superficialidade e do conformismo, continuam à procura de resposta para a questão do sentido da vida. Deus não tem medo! Não tem medo! Ultrapassa sempre os nossos esquemas e não lhe metem medo as periferias. Ele próprio se fez periferia (cf. Fl 2,6-8; Jo 1,14). Por isso, se ousarmos ir às periferias, lá o encontraremos: Ele já estará lá. Jesus antecipa-se-nos no coração daquele irmão, na sua carne ferida, na sua vida oprimida, na sua alma sombria. Ele já está lá (GE 135).

Mencionando e valorizando aqueles e aquelas que ouviram esse chamado missionário e a ele atenderam, entregando e arriscando suas vidas no serviço além das fronteiras, nas periferias várias e nos submundos que se formam pela indiferença e frieza dos privilegiados, o papa reforça a importância da ousadia e do destemor no serviço a Deus e aos irmãos. Os santos são aqueles que não se conformaram com a mediocridade.

---

[8] Cf. meu livro *Viver e morrer em koinonia. Mística e testemunho em duas comunidades do século XX*, São Paulo, Paulus, 2018.

E seu testemunho é que nos pode e deve arrastar a fazer o mesmo em nossas vidas.

Comunidade e comunhão: sabendo bem que esse caminho não é fácil, Francisco insiste na importância de fazê-lo juntamente com outros, em comunidade. Menciona o exemplo de comunidades inteiras que foram canonizadas, pois viveram esse itinerário da santidade juntos e em comunhão (cf. GE 141).[9]

É, portanto, em comunidade, na solidariedade e comunhão com o outro que acontecem as grandes experiências de plenitude e qualidade de vida no espírito. A comunidade é chamada a ser o espaço teologal onde a santidade encontra ambiente propício para acontecer e florescer. E isso deve ser cultivado, segundo Francisco, não apenas nos momentos cume, extáticos, de grande iluminação, mas nos pequenos detalhes diários, que vão abrindo espaço em nós contra o egoísmo e a favor da partilha e da solidariedade.

Com delicada sensibilidade e profundidade, cita Francisco exemplos tirados do Evangelho e da vida de Jesus:

> o pequeno detalhe do vinho que estava a acabar numa festa; o pequeno detalhe duma ovelha que faltava; o pequeno detalhe da viúva que ofereceu as duas moedinhas que tinha; o pequeno detalhe de ter azeite de reserva para as lâmpadas, caso o noivo se demore; o pequeno detalhe de pedir aos discípulos que vissem quantos pães tinham; o pequeno detalhe de ter a fogueira acesa e um peixe na grelha enquanto esperava os discípulos ao amanhecer (GE 144).

Essa "pequena via" da santidade que se vai construindo no dia a dia e as pequenas oportunidades que ela oferece de

---

9 Cf. igualmente meu livro *Viver e morrer em koinonia*, op. cit.

cuidado ao outro, de atenção, de serviço, foi vivida por muitos santos. Francisco cita aquela que se notabilizou mais que muitos neste particular: Teresinha de Lisieux, a jovem carmelita que morreu, sem nunca ter saído de seu Carmelo, e que se tornou, pela qualidade e pelo alcance do amor que vivia, padroeira das missões (cf. GE 145).[10]

Francisco, que é jesuíta e, portanto, religioso e que viveu toda a sua vida adulta em comunidade, sabe que esta é o antídoto aos pequenos egoísmos nossos de cada dia e uma escola de santidade, porque propicia a renúncia ao amor próprio, estimula o cuidado do outro e proporciona consoladoras experiências de Deus (cf. GE 146). Assim acontece nos vários tipos de comunidade: familiar, religiosa, eclesial. Em suma, o crescimento no amor deve ser a marca de qualquer comunidade humana.

Oração: até aqui ficou patente o espírito apostólico e prático do Papa Francisco, que é plenamente consciente de que a santidade está intrinsecamente conectada à ação e à prática da caridade e do amor. Porém, nesta última "nota" sobre a santidade contemporânea, o papa demonstra não conceber este espírito de ação e intervenção na realidade desligado de uma profunda experiência de oração e abertura ao diálogo com Deus.

> ... a santidade é feita de abertura habitual à transcendência, que se expressa na oração e na adoração. O santo é uma pessoa com espírito orante, que tem necessidade de se comunicar com Deus. É alguém que não suporta asfixiar-se na imanência fechada deste mundo e, no meio dos seus esforços e serviços, suspira por Deus, sai de si erguendo louvores e alarga os seus confins na contemplação

---

[10] Santa Teresa de Lisieux, *Manuscrito C*, 29v-30r.

> do Senhor. Não acredito na santidade sem oração, embora não se trate necessariamente de longos períodos ou de sentimentos intensos (GE 147).

Segundo Francisco, a oração do santo deve ser contínua, pois em tudo e por tudo é possível encontrar e experimentar a Deus e conhecer sua vontade para poder praticá-la (cf. GE 148). Nisso é o papa fiel discípulo de seu mestre Santo Inácio, que propunha àqueles e àquelas a quem dirigia espiritualmente, especialmente aos jesuítas, que se deve e se pode encontrar a Deus em todas as coisas e todas as coisas em Deus.[11] No entanto, os momentos explícitos de oração não deixam de ser importantíssimos, e o papa sabe disso e o repete em sua Exortação.

Não há espiritualidade cristã possível sem uma vida densa e intensa de oração. Por trás dos "slogans" "Tudo é oração", "Oração que nos tira do trabalho e leva para uma casa de retiro, corre o risco de transformar-se em alienação", "A oração é importante para a luta ser mais eficaz" e outros, esconde-se uma mal disfarçada superficialidade que banaliza o chamado de Deus e a experiência dos grandes santos. Esses, sim, fizeram da vida inteira uma oração. Porém aí aportaram já na sua maturidade, após lutarem e sofrerem esperas, demoras, noites escuras e outras provas espirituais, buscando o encontro com o Senhor na oração explícita e gratuita, gozosa, sim, mas não menos laboriosa e padecida, sem imediatismos nem utilitarismos.[12]

---

[11] Cf. EE.EE de Santo Inácio de Loyola.

[12] Cf., por exemplo, as experiências de Santa Teresa de Jesus ou de Santo Inácio de Loyola. Uma, chega ao chamado matrimônio espiritual, após passar por muitos caminhos e moradas. Outro, ao ditar suas confissões para o

Sem esse tempo "perdido" diante do Senhor, buscando conhecê-lo como se é conhecido, abrindo-se e entregando-se ao seu mistério incompreensível e imanipulável, que não é diferente de seu amor que aquece o coração e consola o espírito; sem outro desejo mais imediato que não seja louvá-lo e extasiar-se diante da beleza e da maravilha de sua criação e da doação suprema de sua redenção que se tornam santificação operada pelo Espírito, não há condições de haver qualquer tipo de espiritualidade, e muito menos a cristã.

A oração assim vivida e guiada será, então, verdadeiro discipulado, já que coloca o orante na escuta de Deus e sua vontade e se transforma em verdadeiro aprendizado de seguir e servir o Senhor no meio do mundo, onde tantas diferentes solicitações, provenientes não sempre do mesmo Espírito, se cruzam e muitas vezes dividem, confundem, enganam.[13]

Essa oração indispensável não pode, no entanto, distrair da atenção e do serviço ao outro. E o papa o repete explicitamente nesta seção da GE 152.

> A oração, precisamente porque se alimenta do dom de Deus que se derrama na nossa vida, deveria ser sempre rica de memória. A memória das obras de Deus está na base da experiência da aliança entre Deus e o seu povo. Se Deus quis entrar na história, a oração é tecida de recordações: não só da recordação da Palavra revelada, mas também da vida própria, da vida dos outros, do que o Senhor fez na sua Igreja (GE 153).

Padre Luis Gonçalves da Camara no final de sua vida, admite que nesta época "toda vez que queria encontrar Deus, o encontrava" (cf. Autobiografia, 99).

[13] Cf. meu livro *Ser cristão hoje*, São Paulo, Ave Maria, 2013.

Mencionando diversos modos de orar, como a súplica, a *lectio divina* e outros, o papa afirma que o ápice da vida cristã é a Eucaristia, o momento supremo de comunhão com o Senhor.

> O encontro com Jesus nas Escrituras conduz-nos à Eucaristia, onde essa mesma Palavra atinge a sua máxima eficácia, porque é presença real daquele que é a Palavra viva. Lá o único Absoluto recebe a maior adoração que se lhe possa tributar neste mundo, porque é o próprio Cristo que se oferece. E, quando o recebemos na comunhão, renovamos a nossa aliança com ele e consentimos-lhe que realize cada vez mais a sua obra transformadora (GE 157).

Conclusão
O infindável caminho do discernimento

O papa intitula o capítulo conclusivo de sua Exortação Apostólica: luta, vigilância e discernimento.

Sobre os dois primeiros não nos deteremos muito. Gostaríamos, no entanto, de examinar mais o terceiro. É muito importante saber que a santidade é um caminho de cada dia e que a luta e a vigilância fazem dele parte integrante. Nada é dado para sempre na vida segundo o Espírito. Ao contrário, tudo tem que ser buscado diligente e humildemente dia após dia. Aí afirma algo que poderá surpreender alguns: a existência do demônio. Adverte contra certas concepções um tanto "ligeiras" para não dizer "levianas" de uma atual mentalidade que atribui a todas as possessões demoníacas, inclusive as descritas no Evangelho, a característica de doença ou distúrbio psíquico. Também sobre a mentalidade secularista que nega a existência do Mal personificado, fora de nós e que pode tentar-nos e possuir-nos.

Francisco escreve com todas as letras que o demônio não é um mito. É alguém que insidiosamente procura seduzir-nos, infiltrar-se em nossa existência e desviar-nos do caminho do Senhor. Por isso e para que possamos ter consciência de sua presença e lidar lucidamente com os perigos que traz, devemos redobrar a vigilância e sempre estar em atitude combativa. Ele ainda menciona os diversos instrumentos que a Igreja põe à disposição dos fiéis para combater as tentações desse que a Escritura chama de Maligno ou Pai da Mentira, e reafirma a confiança em que, com uma ascese sadia e constante e uma vigilância igualmente permanente, podemos vencer as tentações do demônio que quer nos impedir de caminhar rumo à santidade e que nos fará semelhantes a Jesus, o Filho de Deus.

O discernimento, a nosso ver, é o mais importante de todos os caminhos que o papa recomenda, com zelo paternal, àqueles e àquelas que buscam de todo coração a Deus em seu Filho Jesus Cristo, movidos pelo seu Espírito Santo. Em tempos como os nossos, tão nebulosos e arriscados, discernir é algo fundamental. É o que afirma o pontífice nestes números finais de sua Exortação.

> Como é possível saber se algo vem do Espírito Santo ou se deriva do espírito do mundo e do espírito maligno? A única forma é o discernimento. Este não requer apenas uma boa capacidade de raciocinar e sentido comum, é também um dom que é preciso pedir. Se o pedirmos com confiança ao Espírito Santo e, ao mesmo tempo, nos esforçarmos por cultivá-lo com a oração, a reflexão, a leitura e o bom conselho, poderemos certamente crescer nesta capacidade espiritual (GE 166).

O papa recomenda que, ao discernir por onde Deus nos quer conduzir, voltemos nossos olhos com confiança aos movimentos interiores que o Espírito faz em nós e aos sinais dos tempos, ou fatos exteriores.

> Somos livres, com a liberdade de Jesus, mas ele chama-nos a examinar o que há dentro de nós – desejos, angústias, temores, expectativas – e o que acontece fora de nós – os "sinais dos tempos" – para reconhecer os caminhos da liberdade plena: "examinai tudo, guardai o que é bom" (1Ts 5,21) (GE 168).

Esse é um ponto da maior relevância que deixa mais clara a importância do discernimento no processo vital da santificação de um ser humano criado por Deus, limitado e finito. Discernir não é escolher entre o bem e o mal. Trata-se de discernir entre o bom e o melhor, de perceber o que é melhor, mais santo, mais excelente, o que mais leva ao serviço de Deus e a sua glória, o que mais coopera para o bem do próximo, sua libertação e salvação. E então, sim, guiados e fortificados pelo Espírito Santo, é possível escolher esse caminho: o caminho da santidade. Por isso, o discernimento é um caminho que será infindável, como infindável é a busca e a experiência do Deus absoluto e infinito por parte da criatura mortal e finita. Seu horizonte é o próprio Jesus Cristo, a quem somos chamados a seguir, movidos por seu Espírito, para maior glória do Pai de todo amor. Trata-se de um horizonte infinito, ao qual seres finitos como nós ousam aspirar. O Papa Francisco nos anima nesse caminho, dizendo que é para nós e que não tenhamos medo de andar por ele.

Impresso na gráfica da
Pia Sociedade Filhas de São Paulo
Via Raposo Tavares, km 19,145
05577-300 - São Paulo, SP - Brasil - 2019